U0493179

民國文存

98

穀梁眞偽攷

張西堂 著

知識產權出版社

本書對《穀梁傳》進行考證。《穀梁傳》是用語錄體和對話體的方式來註解儒家經典《春秋》，而本書則對《穀梁傳》本身進行分析研究，主要涉及《穀梁傳》的產生時間、主要內容、《穀梁傳》與《公羊傳》之異同等一系列歷來在研究者中頗有分歧的問題進行細緻的考據與論證。

　　本書適合對於中國傳統的儒家經典以及儒家思想感興趣的讀者、學習者和研究者參考與閱讀。

責任編輯： 文　茜　　　　**責任校對：** 谷　洋
文字編輯： 王翔宇　　　　**責任出版：** 劉譯文

圖書在版編目（CIP）數據

　　穀梁真偽攷/張西堂著. —北京：知識產權出版社，2016.5
　　（民國文存）
　　ISBN 978-7-5130-4125-6

　　Ⅰ.①穀… Ⅱ.①張… Ⅲ.①中國曆史-春秋時代-編年體②《穀梁傳》-研究　Ⅳ.①K225.04

　　中國版本圖書館 CIP 數據核字（2016）第 064638 號

穀梁真偽攷
Guliang Zhenwei Kao
張西堂　著

出版發行：	知識產權出版社有限責任公司		
社　　址：	北京市海淀區西外太平莊 55 號	郵　編：	100081
網　　址：	http://www.ipph.cn	郵　箱：	bjb@cnipr.com
發行電話：	010-82000860 轉 8101/8102	傳　真：	010-82005070/82000893
責編電話：	010-82000860 轉 8342	責編郵箱：	wenqian@cnipr.com
印　　刷：	保定市中畫美凱印刷有限公司	經　銷：	新華書店及相關銷售網站
開　　本：	720mm×960mm　1/16	印　張：	7.5
版　　次：	2016 年 8 月第一版	印　次：	2016 年 8 月第一次印刷
字　　數：	90 千字	定　價：	28.00 元
ISBN 978-7-5130-4125-6			

出版權專有　侵權必究
如有印裝質量問題，本社負責調換。

民國文存

（第一輯）

編輯委員會

文學組

組長：劉躍進

成員：尚學鋒　李真瑜　蔣　方　劉　勇　譚桂林　李小龍
　　　鄧如冰　金立江　許　江

歷史組

組長：王子今

成員：王育成　秦永洲　張　弘　李雲泉　李場帆　姜守誠
　　　吳　密　蔣清宏

哲學組

組長：周文彰

成員：胡　軍　胡偉希　彭高翔　干春松　楊寶玉

出版前言

　　民國時期，社會動亂不息，內憂外患交加，但中國的學術界卻大放異彩，文人學者輩出，名著佳作迭現。在炮火連天的歲月，深受中國傳統文化浸潤的知識分子，承當著西方文化的衝擊，內心洋溢著對古今中外文化的熱愛，他們窮其一生，潛心研究，著書立說。歲月的流逝、現實的苦樂、深刻的思考、智慧的光芒均流淌於他們的字裡行間，也呈現於那些細緻翔實的圖表中，在書籍紛呈的今天，再次翻開他們的作品，我們仍能清晰地體悟到當年那些知識分子發自內心的真誠，蘊藏著對國家的憂慮，對知識的熱愛，對真理的追求，對人生幸福的嚮往。這些著作，可謂是中華歷史文化長河中的珍寶。

　　民國圖書，有不少在新中國成立前就經過了多次再版，備受時人稱道。許多觀點在近一百年後的今天，仍可說是真知灼見。眾作者在經、史、子、集諸方面的建樹成為中國學術研究的重要里程碑。蔡元培、章太炎、陳柱、呂思勉、錢基博等人的學術研究今天仍為學者們津津樂道；魯迅、周作人、沈從文、丁玲、梁遇春、李健吾等人的文學創作以及傅抱石、豐子愷、徐悲鴻、陳從周等人的藝術創想，無一不是首屈一指的大家名作。然而這些凝結著汗水與心血的作品，有的已經罹於戰火，有的僅存數本，成為圖書館裡備受愛護的珍本，或成為古玩市場裡待價而沽的商品，讀者很少有隨手翻閱的機會。

鑑此，為整理保存中華民族文化瑰寶，本社從民國書海裡，精心挑出了一批集學術性與可讀性於一體的作品予以整理出版，以饗讀者。這些書，包括政治、經濟、法律、教育、文學、史學、哲學、藝術、科普、傳記十類，綜之為"民國文存"。每一類，首選大家名作，尤其是對一些自新中國成立以後沒有再版的名家著作投入了大量精力進行整理。在版式方面有所權衡，基本採用化豎為橫、保持繁體的形式，標點符號則用現行規範予以替換，一者考慮了民國繁體文字可以呈現當時的語言文字風貌，二者顧及今人從左至右的閱讀習慣，以方便讀者翻閱，使這些書能真正走入大眾。然而，由於所選書籍品種較多，涉及的學科頗為廣泛，限於編者的力量，不免有所脫誤遺漏及不妥當之處，望讀者予以指正。

目　錄

自序 ·· 1

上篇　穀梁不傳春秋證 ······································· 3

第一　《穀梁》有無經之傳 ······································· 4

第二　《穀梁》有不釋經之傳 ···································· 7

第三　《穀梁》義例之相乖戾 ···································· 12

第四　《穀梁》文詞之重累 ······································· 19

第五　《穀梁》之晚于《公羊》 ································ 27

第六　《穀梁》之不合魯語 ······································· 32

第七　《穀梁》之違反孔子 ······································· 35

第八　《穀梁》之雜取傳記 ······································· 42

第九　《穀梁》亦古文學 ·· 48

第十　《穀梁》晚出于漢 ·· 52

下篇　《公》《穀》詳略異同證 ······················· 56

第一　《穀梁》之詳于禮制 ······································· 57

第二　《穀梁》之詳于瑣節 ······································· 63

第三　《穀梁》之略于大義 ······································· 70

第四　《穀梁》之略于本事 ………………………………… 79

附錄：尸子考證 ………………………………………… 88

後序 ………………………………………………………… 96

編後記 …………………………………………………… 103

自　序

　　《春秋》上明天理，下正人心；治事之準儀，揆道之楷範也。自三傳並行，莫辨其是非，而五經失學，亦莫甚于《春秋》，欲明《春秋》微言大義之學，此不可不察也。左氏之不傳春秋，自西漢已有是說，近如南海康氏，尤能灼見其源；瑞典珂羅倔倫，更據文字攷之，蓋足為定讞矣。《穀梁》亦為古文，本雜取傳記以造，非得春秋之真傳；能憭之者，殆屬尟覯。邇者吳興崔氏，始謂《穀梁》一傳，劉歆之所偽造，藉以破壞春秋。依據史籍，判其本真，其證驗郅碻，然未多攷傳文，以大明之。世人之論，猶謂《公》《穀》一家，且或篤信《穀梁》；其是非黑白，未能遽以定也。堂自卯年受經，喜于撢索辭理；丙辰以還，鑽硏諸子，思舉聖哲道術，撩理使有統序。孔子者，諸子之卓也；說理者，莫辯乎《春秋》，于是薄治《春秋》，紬其微言大義。每謂《穀梁》迂鑿，甚違孔子之指。壬戌之冬，撰《春秋六論》，于崔氏說，猶未深躓之。自是厥後，睹《穀梁》"是月"之不讀"提月"，"盡我"之襲取《公羊》齊語；又有無經之傳，與不釋經之傳，乃恍然悟其非真傳，本雜取傳記以造者。崔氏所論，固可徵信。不揣檮昧，因取治《穀梁》者——如江熙、范寧、孫覺、葉夢得、侯康、許桂林、鍾文烝、柳興恩、廖平、柯劭忞諸家之說，以攻《穀梁》；更博采于諸儒，參以己見、明非私論，亦以堅其壁壘。由其體例、文詞、義理，探其本源，攷其年代，為《穀梁不傳春秋證》一篇。更就《公》《穀》之所詳略，明其異

1

同，見其指歸，為《〈公〉〈穀〉詳略異同證》一篇。皆所以見《穀梁》之非眞傳，欲以明孔子《春秋》之學者，因名之曰《穀梁眞偽攷》，共上下兩篇。世之君子，匡其不逮，所甚幸焉。

民國二十年八月一日　漢川張西堂

上篇　穀梁不傳春秋證

　　《穀梁》有無經之傳，不釋經之傳。義例自相乖戾，文詞復病重累；且晚出于《公羊》，而不合于"魯語"。又多違反孔子之論，蓋本雜取傳記以造，非得《春秋》之眞傳者也。自何邵公（休）著《穀梁廢疾》，及劉原父（敞）之《春秋權衡》，發其紕繆，已多確切；劉申受（逢祿）之《申何》，彌彰其惡。鄭康成、柳興恩輩辨之，未為允也。輓近陳蘭甫（澧）廣其採摭《公羊》，崔觶甫（適）《春秋復始》又詆之為古文。其不治之沉痾，益以大顯于世；雖欲飾之，不可飾矣。然《春秋》一經，本無達例；治《穀梁》者，或藉為說詞，謂"《穀梁》魯學，篤守師法"，而"《公羊》齊學，箸錄稍晚"。（語見廖季平《穀梁古義疏》）此非另闢蹊徑，重加稽覈，無以判辨黑白，論定是非也。蒙于《穀梁》，夙見其謬，歷年以來，每有所獲。竊謂：其無經之傳，不釋經之傳，不合傳經之體；其義例乖戾，與文詞重累，又失謹嚴之義；其晚出于《公羊》，而不合于"魯語"，及其違反孔子之論，尤屬癥結所在；足知其非眞傳，本雜取傳記以造者。蓋實古文之學，而晚出于漢代，非止"不傳'建五始''通三統''張三世''異內外'諸大旨"，（劉申受語）此治《春秋》之學者，所不可不深察者也。何、鄭、劉、柳往復之辯難，未足以繼，因取治《穀梁》學者平論《穀梁》之說，以攻《穀梁》。

旁采諸儒，參以己見，箸為斯篇。戈盾之興，不盡我作，抨彈所加，或為公論。博雅君子，其無譏焉。

第一　《穀梁》有無經之傳

〔經〕冬十月。〔成公〕〔傳〕季孫行父禿，晉郤克眇，衛孫良夫跛，曹公子手僂，同時而聘于齊。齊使禿者御禿者，使眇者御眇者，使跛者御跛者，使僂者御僂者，蕭同姪子處臺上而笑之。聞于客，客不悅而去，相與立胥閭而語，移日不解。齊人有知之者，曰："齊之患必自此始矣。"

證曰：經之"冬十月"，錄"首時"（時之首月）之例。《春秋》例不遺時，無事亦書首時。（桓公元年《穀梁傳》曰："無事焉，何以書？不遺時也。《春秋》編年，四時具而後為年。"）"冬十月"下無事，本不當有傳者也，而《穀梁》乃忽為之發傳，此其無經之傳之確證。夫傳以釋經為主，不能離經而為傳；離經而為傳，則與《左氏春秋》相同，非得《春秋》之真傳者也。《穀梁》有無經之傳，或當有傳而無傳，（詳見下篇第三）或其傳並不釋經，（詳見本篇第二）則不可執以通經，固明甚矣。治《穀梁》者，遠如范寧，近如柳興恩、鍾文烝、廖季平，皆病此傳之非，而欲辨之；曲為之說，終不可以強通。

范寧《穀梁傳集解》曰："穀梁子作傳，皆釋經以言義，未有經無其文，而橫發傳者。寧疑經'冬十月'下云：'季孫行父如齊。'脫此六字。"范氏疑此無經之傳，而謂經有脫文，不知他經容有脫誤，《春秋》則無是事。劉紹攽《春秋筆削微旨》曰："夫所謂闕文者，果傳寫之誤乎？抑舊史之闕乎？以為傳寫之誤，則一傳可闕，不容三傳俱闕也。以為舊史之闕乎？則西狩獲麟，孔子所目覩，何難攷驗其日月，而但書時不書月？……故當日因魯史之舊文，而孟子直謂之作，作者，自我創之之謂。學者不得其筆削之義，而輒委于魯史之舊文，何不取孟子之言，而細思之？"觀于劉氏此說，知《春秋》之無闕文；如以為有脫誤，不容《左氏》《公羊》，亦俱脫也。范氏委之脫文，其誤蓋甚易知，故治《穀梁》者，多不取其說。

鍾文烝《穀梁補註》曰："此傳當與下'其曰❶，或曰'相連，誤跳在此。蓋以傳合經者誤之耳。范以傳稱'季孫聘于齊'，經無為不書其事，但經書如齊，不當錄日；二家經皆無之，自以何休說為長，或當以季孫不悅而去，聘事不成，故使無如齊之文。其事亦不審在何年也。"案：鍾氏以"如例"書時不書月，駁范注經有脫文之說，而謂傳有誤跳，則亦屬曲解也。試如其說，合諸下傳觀之，文氣實不相聯。下經傳曰：[經]"六月癸酉，季孫行父、臧孫許、叔孫僑如、公孫嬰齊帥師會晉郤克、衞孫良夫、曹公子手及齊侯戰于鞌，齊師敗績。"[傳]"其日，或曰：'日其戰也。'或曰：'日其悉也。'曹無大夫，其曰公子何也？以吾之四大夫在焉，舉其貴者也。"（盛案）取前之傳，置之"其日，或曰"之上，則中無叙"鞌戰"之事，接以"其日"，文勢中斷，不可以讀。置之"舉其貴者也"下，則先後次序尤不合，文義尤乖戾，氣勢尤阻隔；《穀梁》之叙事，不至如是也。鍾氏見此無經之傳，而以曲說解之，不知文氣不順，終不可以強通也。

王引之《經義述聞》曰："《左氏》《公羊》'冬十月'下，皆

---

❶ "曰"，觀下文，似當作"日"。——編者註

無'季孫行父如齊'之義，不應《穀梁》獨有……竊疑'季孫行父禿'以下，當在二年戰于鞌之末。蓋帥師與齊侯戰于鞌者，有季孫行父、衛孫良夫、曹公子手四人，傳于是追述齊患所起，因慢此四人之故，而及前此四人同時聘齊之事……錯簡在'冬十月'下耳。《公羊》敘齊患之始，與此略同；而于經文'盟于袁婁'下，始追敘之。《穀梁》或亦相似也。"案：王氏此說，誤與鍾同。傳文本不相連，不可以強移也。其說柳興恩所不取，茲不具辨。

柳興恩《穀梁大義述》曰："蒙校本引襄二十有一年傳'庚子，孔子生'之例，亦經無其文而發傳者。固不得如范註之說，妄補'季孫行父如齊'六字，亦不得如王錯簡之說，移于二年鞌戰之末也。"案：柳氏援"庚子，孔子生"之例，謂亦經無其文而發傳者，據彼證此，謂《穀梁》有無經之傳，可也；其所援引之例，則非是也。"庚子，孔子生"者，雖似無經之傳，蓋《穀梁》經師所記，本非釋《春秋》之文，明為特異之例，不當以無經之傳論。"季孫行父禿"以下，乃先經而為傳，"庚子，孔子生"之傳，則與他經無涉，不得妄相比附，牽合為說者也。柳氏之意，蓋以《公羊》傳中，亦有記"孔子生"之文，故特認為無經之傳；則凡攻《穀梁》者，則可據《公羊》以為詞，故不從范、王之說。攷陸德明《公羊釋文》曰："庚子孔子生，傳上有'十月庚辰'，此亦十月也。一本作'十一月庚子'，又本無此句。"是《公羊》本無此句，《公羊》後師或增之；其文或作"十月"，或作"十一月"，亦未能一律，非《公羊》所舊有也。段玉裁《經韻樓集公穀記孔子生說》曰："徐彥解云：'《左氏》無此言'，則《公羊》師從後記之。……陸氏云：'庚子，孔子生，傳文也。''又一本無此句。'可證唐初《公羊》，尚有無此條者。"由是言之，公羊本無此條，至唐初且如此；《穀梁》舊有此條，且各本俱一律。(《釋文》于《穀梁》無說)是知《穀梁》有無經之傳，《公羊》本無無經之傳；《公羊》傳之謹嚴，終不可攀援以為說。柳氏之用心雖苦，終難以掩飾之也。此柯劭忞之《春秋穀梁傳註》，寧從鍾說，不從柳氏也。廖季平《穀梁古義疏》曰："攷聘齊事，不在此年。傳先言此事，附經文時，因冬無事，故繫于其下，今仍之。《集解》以為經脫'季孫行父如齊'六字，誤矣。"亦不盡從柳氏說也。《穀梁》有此無經之傳，其病正與《左氏》相若，蓋不得《春秋》之真傳，故不以釋經為主；其不合傳經之體，甚昭然若揭也。此無經之傳，何邵公、劉原父俱未及見于是。劉申受之《穀梁廢疾·申何》亦然。申受且曰："昔嘗以《穀梁》者，《公羊》氏之餘緒；長于《公羊》者十之一，同于《公羊》者十之二三，所謂拾遺補蓺者也。"康南海《春秋筆削大義微言攷》亦曰："試舍一萬六千四百四十六字之史文，徒摘《公》《穀》口傳之大義，則無一不同，特附史文時有異同耳。"（發凡）又曰："《公》《穀》，終各有所長。"傳二皆猶以《公》《穀》為一家。至崔觶甫之為《春秋復始》，始以"《穀梁》亦古文學"。"古文本劉歆雜取傳記而造"者（說詳本篇第九），此其所以有無經之傳也。

第二 《穀梁》有不釋經之傳

[經] 冬，十有二月己丑，葬我君桓公。桓公十[傳] 知者慮，義者行，仁者守，有此三者備，然後可以會矣。

證曰："知者慮"以下五句，與葬桓公不相涉。傳以釋經為主，今與經不相關，其不合傳經之體，失《春秋》謹嚴之義，即此已❶可知其略矣。治《穀梁》者，如柯劭忞，蓋亦病之。柯氏《註》曰："此五句宜在'公會齊侯于瀺'下，傳寫之誤。隱元年已發傳，此復發者，明桓公無此三者，所以見殺。"其曰傳寫之誤，實病之也。"會瀺"在正月下，不至誤跳在此。《穀梁》此傳，實不釋經，此柯《注》之說，亦以為誤也。

《廢疾·申何》曰："此古訓歟，不責坊淫之法，不云篡弒之戒，不申復仇之義，引喻失當，愛其輕身。甚哉！其蔽也。"申受雖斥其妄蔽，猶未見其不釋經。柳興恩辨之曰："劉氏所云三者，知、義、仁足以包之。"夫知、義、仁三者，所以論"出會"也，與坊淫復仇，實兩不相涉；經書葬而傳言會，亦風馬牛不相及。柳氏之辯，其不允多類此。

［經］五月，葬桓王。（穀梁三年）［傳］曰：近不失崩，不志崩，失天下也。獨陰不生，獨陽不生，獨天不生，三合然後生。故曰："母之子也"，可；"天之子也"，可；尊者取尊稱焉，卑者取卑稱焉。其曰王者，民之所歸往也。

證曰："曰近不失崩"以下，與"葬桓王"亦無涉。傳之不釋經，此亦一端也。廖《疏》曰："此釋王不志崩之傳，傳無所繫，故附錄于此。"云無所系而附錄此，則其不當于此發傳甚明，則此傳不主于釋經亦明。隱三年"天王崩"，傳不為說，乃于"葬桓王"時，牽涉發傳，體例不嚴，滋人詬病。傳《春秋》謹嚴之義者，必不當疏略如此也。

［經］秋大水，鼓用牲于社，于門。（穀梁三年）［傳］高下有水災曰大

---

❶ 原書中有誤。——編者註

水。既戒鼓而駭衆，用牲可以已矣！救日以鼓兵，救水以鼓衆。

證曰："高下有水災曰大水"，已見桓二年、莊七年傳。此甚易知者，乃重複發傳；"于門"之為禮與否，不甚易知者也。傳既不目言之，註疏亦遂無說；傳不釋經，有如此者。《公羊》傳曰："于門，非禮也。"鍾氏《補註》始援引之以說《穀梁》。《穀梁》此傳，非得《公羊》之說，不能明也。

[經] 秋築臺于秦。（僖二十一年）[傳] 不正罷民三時，虞山林藪澤之利，且財盡則怨，力盡則懟，君子危之，故謹而志之也。或曰："倚諸桓也。"桓外無諸侯之變，內無國事，越千里之險，北伐山戎，為燕辟地。魯外無諸侯之變，內無國事，一年罷民三時，虞山林藪澤之利，惡內也。

證曰：虞者，典獸之官。（范註）築臺與虞，兩不相涉。鍾氏《補注》引高誘《呂氏春秋注》曰："'積土四方而高曰臺。臺加木曰榭'。何休曰：'禮：天子有靈臺，以候天地；諸侯有時台，以候四時。登高遠望，人情所樂。動而無益于民者，雖樂不為也'。"臺以遠望為樂，非以為虞甚明。文十六年"毀泉臺"，《穀梁》曰："自古為之，今毀之，不如勿處而已矣。"臺為居處之所，《穀梁》亦明言之。今此傳乃以虞利釋之，雖曰釋經，猶不釋也。孫覺《春秋經解》曰："《穀梁》曰：'虞山林藪澤之利'，築臺亦以虞利，此傳誤矣。"孫氏善《穀梁》者，亦不以為然也。廖《疏》曰："築時更令山林藪澤，各出財物，以供所費。"以虞為"築臺財用，取之于山澤，與民爭利"，曲為之解。是賦稅之義，非虞義也，傳不當言虞。如此之類，名為釋經，實不釋經。

[經] 梁山崩。（成公五年）[傳] 不日，何也？高者有崩道也。有崩道則何以書也？曰："梁山崩，壅遏河三日不流，晉君召伯尊而問焉。伯

尊來，遇輦者，輦者不辟，使車右下而鞭之。輦者曰：'所以鞭我者，其取道遠矣！'伯尊下車而問焉。曰：'子有聞乎？'對曰：'梁山崩，壅遏河三日不流。'伯尊曰：'君為此召我也。為之奈何？'輦者曰：'天有山，天崩之；天有河，天壅之。雖召伯尊，如之何？'伯尊由忠問焉。輦者曰：'君親縞素帥羣臣而哭之，既而祠焉，斯流矣！'伯尊至，君問之曰：'梁山崩，壅遏河三日不流，為之奈何？'伯尊曰：'君親縞素帥羣臣而哭之，既而祠焉，斯流矣！'孔子聞之曰：'伯尊其無績乎！'攘善也。"

證曰：此《穀梁》傳不釋經之鐵證。劉原父《春秋權衡》曰："尋《穀梁》此文，似云山有崩道，崩不當書，今晉侯問伯尊，故獨書也。是豈《春秋》意耶！"原父此說，信不誣矣。《穀梁》傳不主釋經，故其所答非所問，以為所以書崩者，晉君召伯尊之故；其不謹嚴，亦已甚矣！蕭楚《春秋辨疑》曰："六經惟《易》《春秋》出于聖人手，而《春秋》紀事不尚文，其辭尤簡嚴有法，一字先後不妄下。"（《石鷦辨》）《穀梁》荒略如此，雜取傳記以造，不得《春秋》之真傳者也。

[經] 宋司馬華孫來盟。（文公十五年）[傳] 來盟者何？前定也。不言及者，以國與之也。

[經] 春衛侯使孫良夫來盟。（宣公七年）[傳] 來盟，前定也。不言及者，以國與之；不言其人，亦以國與之。

[經] 冬，十有一月，晉侯使荀庚來聘，衛侯使孫良夫來聘。丙午及荀庚盟，丁未及孫良夫盟。（成公三年）[傳] 其日，公也。來聘而求盟，不言及者，以國與之也；不言其人，亦以國與之也。

證曰：此所錄《穀梁》三傳，皆有不釋經之文。來盟自不言及，而文十五年傳曰："不言及者，以國與之也。"此二句不釋經。劉申受曰："來盟安得言及。"柳興恩曰："來盟從無言及者。此二句疑為衍文，不敢強為之說。"雖柳之能辯，亦無說詞矣。此其一也。宣七年經，既言來盟，自不言及；衛孫良夫，則其人也。而是傳曰："不言及者，以國與之；不言其人，亦以國與之。"凡此四句，亦不釋經。此其二也。成三年經既已言"及"，而是傳曰："不言及者，以國與之也。"荀庚、孫良夫，又即其人也。而是傳曰："不言其人，亦以國與之也。"此四句不當有。范《註》謂"不言及，謂凡書來盟者"，此非來盟，焉用釋之？傳不釋經，此其三也。反覆發傳，既失之亂，與經又極不相干，故三傳無一是者。其病之深，蓋至于此。

柯注《序》曰："有因此而通釋彼事之例：宣七年，衛侯使孫良夫來盟。傳曰：'不言及者，以國與之；不言其人，亦以國與之。'此舉成七年及荀庚盟及孫良夫盟之言'及'，閔二年齊高子、僖四年楚屈完之不言其人，而通釋之。不言其人者，不言使其人也，若衛侯使孫良夫，則言其人矣。"此說固勝于柳氏矣。然不言其人，而釋之曰不言使其人，有增字解經之嫌。如謂因此而通釋彼事，則前既通釋，成三年傳，無須復發矣。且范《註》謂成三年傳釋宣七年經來盟，此又以宣七年傳釋成三年言及，通釋之例，當如是耶？蓋非通釋經，實不釋經也。《穀梁》雜取傳記而造，為之註者，固難說之。（與此相似者，如桓十年傳："不言其人，以吾敗也。"亦不釋經。其證尤確。詳見本篇第四）

[經] 冬，黑肱以濫來奔。（昭公三十一年）[傳] 其不言邾黑肱，何也？別乎邾也。其不言濫子，何也？非天子所封也。來奔內，不言叛也。

證曰：《公羊》此經傳曰："文何以無邾婁（邾），通濫也。"何君註曰："據讀言邾婁。""通濫為國，故使無所繫。"孔廣森《公羊通義》曰："《春秋》口授，恐久而失實，故文雖無'邾婁'，師法自連'邾婁'讀之，因以起其義也。"《公羊》讀言"邾婁"，所以知為邾也。謂經"通濫為國"，所以別乎邾也。其于《春秋》書法，說之蓋極顯明。《穀梁傳》則不然：濫非天子所封者，而經不言邾黑肱，其所以別乎邾之故；《穀梁》固未嘗詳釋之，其何以知為邾黑肱，更未嘗詳以言之。（"其不言邾黑肱"句，殊覺突如其來）《穀梁》此傳，未釋經之書法，亦即不釋經也。治《穀梁》者，乃不得不依《公羊》以為說。鍾文烝曰："當依何休云讀言邾。"廖《疏》曰："《公羊》所謂口言邾而文無邾。"鍾、廖皆欲守其家法而患不能也。柯《註》曰："何休《公羊》說據讀言邾，非傳義，傳義下自明了。"此較鍾、廖為知家法，然傳義則實不明了。孫覺曰："若黑肱實受封于邾，則亦猶邾臣爾，安得不係邾乎？"傳義不明，故孫氏致詰爾。鍾、廖亦非真不知當守家法也。要之，《穀梁》無口授之傳，本雜取傳記而造者，即此不釋經之書法，固亦可以推見矣。

第三　《穀梁》義例之相乖戾

[經] 九月，紀履緰來逆女。（隱二年）[傳] 以國氏者，為其來交接于我，故君子進之也。

[經] 秋九月，荊敗蔡師于莘，以蔡侯獻舞歸。（莊十年）[傳] 荊者，楚也。何為謂之荊，狄之也。

[經] 秋七月，荊入蔡。（莊十四年）[傳] 荊者，楚也。其曰荊，何也？州舉之也。州不如國，國不如名，名不如字。

[經] 邾子克卒。（莊十六年）[傳] 其曰子，進之也。

[經] 荊人來聘。（莊二十三年）[傳] 善累而後進之。其曰人，何也？舉

道不待再。

證曰：《春秋》設七等之文，以備進退之義，《穀梁》雖只舉四等，莊公十四年復以"氏""人""子"三者為進退，例自相違，說故兩歧。劉原父曰："《穀梁》莊十年傳云：'其曰荊者，狄之也。'今又云'州舉之也'。若實狄之，則非州舉之；若實州舉之，則非狄之。而兩說並存，不知果狄之耶，抑州舉之耶。……尋究二說，似前說本出《穀梁》，後說則掇取《公羊》之例而續焉者。不然，無為相異。"劉申受曰："脫氏人子三等，《春秋》設七等之文不具矣。"二劉所云，俱甚是也。《穀梁》之說兩歧，足知其無條理，不知《春秋》謹嚴之義，不得《春秋》之真傳也。

柳興恩曰："七等自在經文，《穀梁》略舉之以見例，所以為簡而該也。且專于此言進退，幾于舞文矣。"柳之遁詞，殊可憫笑。夫七等既在經文，傳釋經者，何以只備四等？若謂傳不必釋經，則《穀梁》傳果何為者？其謂《穀梁》略舉見例，所以為簡而該，簡則有之，該則未然。柳欲掩飾其非，乃曰幾于舞文。若經無七等之文，《穀梁》亦不言進退，謂之舞文，則猶可也。否則非劉之舞文，實柳之舞文也。《穀梁》義例之相違，蓋已鐵案如山矣！柳氏只知求勝，不惜並訐經傳，如此之辨，不如無辨。廖《疏》曰："《公羊》云：'人不如名，名不如字，字不如子。'此大夫貴賤稱號之例。是傳文有脫誤，當據《公羊》補正。"其謂傳有脫誤，蓋《穀梁》本雜取傳記以造者，故其義例多相乖違，非真傳文之有脫誤也。

［經］單伯逆王姬。(鞏年)［傳］單伯者何？吾大夫之命乎天子者也。命大夫，故不名也。其不言如，何也？其義不可受于京師也。其義不可受于京師，何也？曰：躬君弒于齊，使之主婚姻，與齊為禮，其義固不可受也。

［經］王姬歸于齊。(莊元年)［傳］為之中者，歸之也。

［經］秋，七月，齊王姬卒。(莊二年)［傳］為之主者，卒之也。

證曰：桓九年"紀季姜歸于京師"，傳曰："為之中者，歸之也。"范《註》曰："中謂關與婚事。"魯不主婚季姜，故曰為之中者。今魯主王姬之婚，莊元年傳明言之，二年卒亦云"為之主者"；元年歸于齊傳，乃云為之中者。義例乖戾，一何甚矣！鍾氏《補註》引丁溶曰："中當為主。《疏》云：'彼王姬非魯主婚。'又二年傳：'為之主者，卒之也。'明此亦當為主。"《穀梁》之自相乖戾，不謂為誤字，固難以說之。此其明證也。

［經］夏公如齊觀社。(莊二十三年)［傳］觀，無事之辭也。以是為尸女也。無事不出竟。

［經］公至自齊。(莊二十三年)［傳］公如：往時，正也。致月，故也。如往月致月，有懼焉爾。

證曰：尸女（主為女往）近淫，危懼甚矣！往則書時，致不書月，《穀梁》此二傳，例自相乖戾。孫覺曰："公觀社於齊而不書月，得曰正乎？致不書月得曰無故乎？不通也。"莘老善《穀梁》，而亦以為不通，《穀梁》如何，其可知矣！楊《疏》曰："二十七年傳曰：'桓會'不致，（案：謂魯與齊桓公相會，則不書至）此與下文觀社，皆書公至自齊者，《公羊》傳云：'桓會不致，此何以致，危之也。'徐邈亦云：'不以禮行，故致以見危'。"楊《疏》襲《公羊》為說，不必辨其是非。要之，《穀梁》不得別嫌之義，故其傳令人疑莫能解。孫因以抨之，則可斷言也。許桂林《穀梁釋例》乃不得不以為正。其言曰："此往時、致時皆正，故《穀梁》無傳。《公羊》謂陳佗外淫，與《左》《穀》異。此又以陳佗比莊公，好言淫亂，非事實也。"許氏之言，又與疏異，《穀梁》傳之自相乖戾，故說《穀梁》者亦相異也。許氏與《穀梁》尸女說違，非經傳意。

［經］齊人伐山戎。(莊公三十年)［傳］齊人者，齊侯也。其曰人，何也？愛齊侯乎山戎也。其愛之何也？桓內無因國，外無從諸侯，而越千里之險，北伐山戎，危之也。則非之乎？善之也。何善乎爾？燕，周之分子也。貢職不至，山戎為之伐矣。

證曰：桓十一年傳云："其曰人，何也？貶之也。"莊二十八年傳云："其曰人，何也？微之也。"稱人為貶詞、為微詞。今實齊侯而稱齊人，明為卑微之詞，而又云善之也。《穀梁》稱人之例，自相乖戾甚矣！且齊侯之伐山戎，亦本無善可言。張洽《春秋集註》曰："遠人不服，則修文德以來之。今中國之聲教未洽，近有荊楚為中國患，尚未正罪，而勤兵於遠，為燕闢地。其治之先後，兵之次第，皆失之矣。"《穀梁》以齊侯為善，固未必是也。率爾立詞，故自乖戾。

莊十七年傳曰："人者，眾詞也。以人執，與之詞也。"劉申受曰："宋執祭仲，齊執濤塗，傳以為貶爵稱人，今以為與辭，其疾在不傳稱人、稱侯之別，故自亂其例。"柳興恩曰："《公羊》僖四年傳：'執者曷為或稱侯，或稱人？稱侯而執者，伯討也；稱人而執者，非伯討也。'今案：《公羊》以陳袁濤塗辟軍之道，齊桓執之，明明伯討，乃經不書齊侯而書人；《公羊》又謂齊桓不修其師，是襲《穀梁》貶爵稱人之例矣。然則《公羊》雖傳稱人、稱侯之例，亦未嘗不自亂其例矣。"柳氏云"亦未嘗不自亂其例"，足見《穀梁》義例之自相乖戾，不可以掩飾矣！《公羊》固未嘗自亂其例，稱人而執，明不得為伯討。

［經］六月，齊侯來獻戎捷。(莊公三十一年)［傳］不言使，內與同，不言使也。

證曰：此齊侯自來，故經不言使。《穀梁》謂非齊侯自來，而謂"內與同，不言使"。以直來為使，既失經意，又自相違戾。孫覺曰："實齊侯自來，不得曰使也。安得內與同哉？《穀梁》曰：'內齊侯也。'按齊侯矜功而自伐，《春秋》方深罪之，安得內而進之哉？"孫氏從《穀梁》說者，固亦以此傳為非也。劉申受曰："實齊侯自來，安得言使乎？書以志齊侯之驕我，我魯之自夸，因以張'王'文也。"柳興恩述曰："經書獻捷，即齊侯自來；亦豈親獻，固必有使矣。"案：柳氏此說，不足辨也。齊侯雖不親獻，固是齊侯自來，不能言使。猶之諸侯主兵，雖不親戰，亦舉諸侯為重，不言使也。如柳氏說，則凡諸侯之主兵者，亦皆內與同，不言使耶？經明言齊侯來獻，而傳謂使人來獻，果使人來獻者，經無為不書使文也。王闓運《穀梁申義》曰："今云來獻，明是使人；又不言使，明是內之。"來獻明是自來，明非使人來也。王氏此說，殊屬非是。《穀梁》義自違戾，固不可以諱也。

[經]冬，十月壬午，公子友帥師敗莒師于麗，獲莒挐。（僖公元年）
[傳]莒無大夫，其曰莒挐，何也？以吾獲之，目之也。內不言獲，此其言獲，何也？惡公子友之給。給者奈何？公子友謂莒挐曰："吾二人不相說，士卒何罪。"屏左右而相搏，公子友處下。左右曰"孟勞""孟勞"者，魯之寶刀也。公子友以殺之。然則何以惡乎給也。曰，棄師之道也。

證曰：《穀梁》此傳，既與經不相合，其義又自違戾，凡有數證。范《註》引江熙曰："經書敗莒師，而傳云二人相搏；則師不戰，何以得敗？理自不通也。夫王赫斯怒，貴在爰整；子所慎三，戰居其一。季友令德之人，豈當舍三軍之整，佻身獨鬥，潛及相害，以決勝負者哉！雖千載之事難明，然風味之所期，古猶今也。此又事之不然,傳或失之。"《穀梁》此傳之誤,江、范不惜言之。劉申受曰:"傳例疑(詐)戰不'日',此書壬午,知非惡給。"柳興恩曰:"疑戰者不約戰日。此書壬午,明約戰日矣。約戰日而不用士卒,二人相搏,故經書獲,傳惡給。乃江熙不信相搏之說,故非傳,而范從之;楊《疏》已云,乃是范失,非傳失矣。"楊《疏》曰:"《老子》云:'以政治國,以奇用兵',季子知莒挐之可擒,棄文王之整旅,佻身獨鬥,潛刃相爭;據禮雖乖,於權未爽。縱使理違,猶須申傳,況傳文不失,江生何以為非乎?又且季子無輕鬥之事,經不應書獲,傳不須云棄師之道。既經傳文符,而江熙妄難;范引其說,意亦同之。乃是范失,非傳失之。"案:楊《疏》之說,縱使理違,猶須申傳,意存偏袒。其謂據禮雖乖,於權未爽,則傳惡給之言,無由生矣。經之書獲,以獲莒挐也,非以惡季子乃書獲也。知《穀梁》傳意,實自有其病;江熙之言,未為無理也。(破《疏》說)經之書獲,"大季子之獲也"。(此《公羊》義)《穀梁》不得其解,乃謂之惡給耳。如果為給者,經必不書壬午,見其以詐相襲。且經未有書獲以惡給者,柳氏之辨,非經意也。(以上辨其與經相違)

且據《穀梁》觀之,季子亦非給者。季子之既敗而處下,左右乃告之以孟勞,是左右之欲救季子,非季子預潛刃以相害也。故如傳說,實無給意。自相違牾,其證一。且如季子果為給者,以奇用兵,而獲莒挐,是全師之道也,非棄師之道也。《穀梁》曰:然則何以惡乎給?曰:棄師之道也。亦自相矛盾,其證二。棄師者,棄己之師也;惡給者,惡給莒挐也。詳《穀梁》所以惡給之故,不過為棄己之師而已,亦非真惡季子為不德也,則非誠惡給,於義亦未安。其證三。蓋《穀梁》不得《春秋》之真傳,本其道聽塗聞之說,雜

17

取傳記,造為斯傳,故其多誤如此。孫覺曰:"《穀梁》之說,江熙非之,當矣!"廖《疏》曰:"《公羊》以此獲為大季子,傳以為惡紿,蓋《公羊》就本事言之,傳則專就相搏一節立說。《公羊》言其大體,本傳譏其細節。"柯劭忞曰:"因紿獲而傳聞之說,乃謂其佻身相搏耳。"此皆治《穀梁》者,孫許江熙,廖云細節,柯謂其為傳聞之說,皆於《穀梁》有微詞也。(以上辨其自相違戾)

[經]秋,楚人圍陳,納頓子于頓。{傳公五年}[傳]納者,內弗受也。圍一事也,納一事也,而遂言之,蓋納頓子者,陳也。

證曰:何君《穀梁廢疾》曰:"休以為即陳納之,當舉陳,何以不言陳?"鄭康成《起穀梁廢疾》曰:"納頓子者,固宜為楚也。《穀梁》見經云楚子圍陳,納頓子于頓。有似'晉陽處父伐楚救江'之文,故云蓋'陳'也。"劉申受曰:"陳納之,即不舉陳,當加陳人執頓子等文以起之。救江亦晉非楚,引之欲以何明也。"柳興恩曰:"楚之圍陳,使納頓子也。此等無關大義,曉曉置辨,徒詞費耳。"廖季平曰:舉陳則其文間斷,不見為一事;伐陳以納頓子,納頓子者陳,所以使納頓子者楚;與伐楚救江同文,不可復舉晉也。(《起起穀梁廢疾》)案:楚之圍陳,使納頓子,納頓子者,固非陳也。猶之伐楚救江,救江者晉,固非楚也。今云納頓子者陳,所以使納頓子者楚。然則晉伐楚以解江之圍,亦可云救江者楚,所以使救江者晉耶。陳之不欲納頓子,猶楚之不欲救江,所以有伐圍之事也。今云納頓子者陳,亦未免乖戾矣。柳氏不能辯之,乃云無關大義,實詞窮也,非恐詞費也。(俞曲園《茶香室經說》曰:"此傳本云:'蓋出頓子者陳也。'……因涉經文誤作'納頓子者陳也',義不可通。")

第四　《穀梁》文詞之重累

［經］夏，五月，莒人入向。（隱公二年）［傳］入者，內弗受也。向，我邑也。

［經］無侅率師入極。（隱公二年）［傳］入者，內弗受也。極，國也。［疏］入極，復言之者，向者，他入我；極者，我入他。恐內外不同，故兩發之。

［經］秋，衞師入郕。（隱公五年）［傳］入者，內弗受也。郕，國也。［疏］重發傳者，前起邑，今是國，故重發之。

［經］庚寅，我入邴。（隱公八年）［傳］入者，內弗受也。［疏］重發傳者，嫌易田與兵入異，故重發以明之。

［經］宋人、衞人入鄭。（隱公十年）［傳］（無說）

［經］冬，十月壬午，齊人、鄭人入郕。（隱公十年）［傳］入者，內弗受也。［疏］（無說）

［經］秋，七月壬午，公及齊侯、鄭伯入許。（隱公十一年）［傳］（無說）

［經］九月入杞。（桓公二年）［傳］我入之也。

［經］許叔入於許。（桓公十五年）［傳］其曰入，何也？其歸之道，非所以歸也。

［經］秋，九月，鄭伯突入於櫟。（桓公十五年）［傳］（無說）

［經］秋，紀季以酅入於齊。（莊公三年）［傳］入者，內弗受也。［疏］重發之者，此齊不可受，嫌違例，故重發之。

［經］夏，六月，衞侯朔入於衞。（莊公六年）［傳］入者，內弗受也。［疏］（無說）

19

[經] 齊小白入於齊。^(莊公九年)[傳] 大夫出奔，反以好曰歸，以惡曰入。

[經] 乙巳❶，公子遂入杞。^(僖公二十七年)[傳]（無說）

[經] 三月丙午，晉侯入曹，執曹伯畀宋人。^(僖公二十八年)[傳] 入者，內弗受也。[疏] 前已有傳，重發之者，以晉文初霸，嫌得入中國，故發傳以明之。

[經] 秦人入滑。^(僖公三十三年)[傳] 滑，國也。

[經] 晉郤缺師❷師伐蔡。戊申入蔡。^(文公十五年)[傳]（無說）

[經] 丁亥，楚子入陳。^(宣公十一年)[傳] 入者，內弗受也。[疏]（無說）

[經] 楚人入鄆。^(成公九年)[傳]（無說）

[經] 晉欒盈復入於晉，入於曲沃。^(襄公二十三年)[傳]（無說）

[經] 六月壬子，鄭公孫舍之帥師入陳。^(襄公二十五年)[傳]（無說）

[經] 衛孫林父入于戚以叛。^(襄公二十六年)[傳]（無說）

[經] 鄭良霄出奔許，自許入于鄭。^(襄公三十年)[傳]（無說）

[經] 秋，莒去疾自齊入于許。^(昭公元年)[傳]（無說）

[經] 秋，宋華亥、向寧、華定自陳入于宋南里以叛。^(昭公二十一年)[傳] 入者，內弗受也。[疏]（無說）

[經] 秋，劉子、單子以王猛入于王城。^(昭公二十二年)[傳] 入者，內弗受也。[疏]（無說）

[經] 宋公之弟辰，及仲佗、石彄、公子地自陳入于蕭以叛。^(定公十一年)[傳] 入者，內弗受也。[疏]（無說）

[經] 宋樂大心自曹入于蕭。^(定公十年)[傳]（無說）

---

❶ "己"應為"巳"。——編者註
❷ "師"應為"帥"。——編者註

［經］晉趙鞅入于晉陽以叛。﹝定十三年﹞［傳］以者，不以者也。叛，直叛也。

［經］齊陽生入于齊。齊陳乞弒其君荼。﹝哀六年﹞［傳］入者，內弗受也。［疏］（無說）

證曰：《春秋》之義，已明者去之，未明者著之，其辭至約。故經傳從可知者，多省其文，此《春秋》之所以謹嚴也。《穀梁》傳曰："有所見則日。"﹝莊三十年﹞又曰："其不正前見矣。"﹝傳十七年﹞皆謂見于此者，其義可見于彼。"得一端而多連之，見一孔而博貫之。"（董仲舒《春秋繁露》語）不必重累其詞，而學者自知之也。沈欽韓《左傳補註》曰："《春秋》之義，有見于彼而略于此者，于彼見一義，于此又見一義，則其例可以類推。"沈氏此言是也。其例可以類推，則不必重複發傳，文詞謹嚴，而義自明。《穀梁》傳未能如是，蓋不得《春秋》真傳，不知謹嚴之義，故重累其詞也。"入者，內弗受也"，其例本可類推。《穀梁》發傳者，凡十有二見。且或重發，或不重發；既病重累，亦失之亂。《疏》之說曰："內外異，邑國異，故重發之。"則隱十年二國入鄭，不為發傳；二國入郕，乃為發傳，果又何耶？桓之十五年，許叔不以道入，鄭伯突以篡入，其義與前俱異，又何以不重發傳？馴至傳之重發，疏亦末❶由釋之，如莊六、宣十一、昭廿一、定十一、哀六年諸傳；由是言之，《穀梁》不得春秋謹嚴之義，據其重複發傳，亦可知矣。柯《注》曰："至于同一事有發傳、不發傳之別，有前後發傳之別，又有處處發傳不嫌縟複者，參差互錯，皆精義所在；《穀梁》之複傳，其文省而理密。"嗚呼！其果文省而理密耶？徒見其散亂而無紀也。

---

❶ "末"應為"未"。——編者註

［經］齊侯使其弟年來聘。（桓公七年）［傳］諸侯之尊，弟兄不得以屬通；其弟云者，以其來接于我，舉其貴者也。

［經］冬，齊侯使其弟年來聘。（桓公十三年）［傳］（無說）

［經］夏五，鄭伯使其弟禦來盟。（桓公十四年）［傳］諸侯之尊，弟兄不得以屬通；其弟云者，以其來我，舉其貴者也。［疏］重發不以屬通例者，前弟年來聘，今禦來盟，嫌不同，故重發之。

［經］陳侯之弟光出奔楚。（襄公二十年）［傳］諸侯之尊，弟兄不得以屬通；其弟云者，親之也。親而奔之，惡也。［疏］（無說）

［經］陳侯之弟光自楚歸于陳。（襄公二十三年）［傳］（無說）

［經］衛侯之弟專出奔晉。（襄公二十七年）［傳］專，喜之徒也。專之為喜之徒，何也？己雖急納其兄，與人之臣，謀弒其君，是亦弒君者也。專其曰弟，何也？專有是信者。君賂不入乎喜而殺喜，是君不直乎喜也。故出奔晉，織絇邯鄲，終身不言衛。專之去合乎《春秋》。

［經］夏，秦伯之弟鍼出奔晉。（昭公元年）［傳］諸侯之尊，弟兄不得以屬通；其弟云者，親之也。親而奔之，惡也。［疏］重發傳者，陳侯之弟稱歸為無罪。此鍼後無歸文，則罪之輕重，既不可知。故傳云"親而奔之，惡也"。明與陳光同耳。

［經］陳侯之弟招殺陳世子偃師。（昭公八年）［傳］諸侯之尊，兄弟不得以屬通；其弟云者，親之也。親而殺之，惡也。［疏］此稱弟惡招，光稱弟惡陳侯。光有歸文見經。明知光無罪，今招親殺世子，故知稱弟以惡招也。

［經］秋，盜殺衛侯之兄輒。（昭公二十年）［傳］盜，賤也。其曰兄，母兄也。目衛侯，衛侯累也。然則何為不為君也。曰："有天疾者，不得入乎宗廟。"

［經］宋公之弟辰暨宋仲佗、石彄出奔陳。（定公十年）［傳］（無說）

22

［經］宋公之弟辰及仲佗、石彄、公子地入于蕭以叛。（定公十[傳]未失其弟也。[疏]辰以前年出奔，離骨肉之義；今歲入邑，有叛國之罪。失弟之道，彰于經文；而曰未失，何也？解公不能制御強臣，以撫其弟，而使二卿脅以外奔，故重發例，以明無罪。

［經］宋公之弟辰自蕭來奔。（定公十四年）[傳]（無說）

證曰：此重發"不以屬通"之傳者五，亦多重累，失之蕪亂。來盟嫌與來聘不同而重發傳，則宋辰自蕭來奔亦當復發矣。同為出奔，光重發傳，專不重發。且盜殺衛侯之兄，亦異于他事矣，而不重發傳。傳之發否，實無準繩。（此破《疏》說）適足以見其重累，不得謹嚴之真傳也。

［經］祭公來，遂逆王后于紀。（桓公八年）[傳]遂，繼事之詞也。

［經］秋，公子結媵陳人之婦。于鄄，遂及齊侯、宋公盟。（莊公十九年）[傳]媵，淺事也，不志。此其志，何也？辟要盟也。何以見其辟要盟也。媵，禮之輕者也。盟，國之重也。以輕事遂乎國重，無說。其曰陳人之婦，略之也。其不日，數渝，惡之也。

［經］遂伐楚，次于陘。（僖公四年）[傳]遂，繼事也。次，止也。

［經］諸侯遂救許。（僖公六年）[傳]善救許也。

［經］遂次于匡。（僖公六年）[傳]遂，繼事也。次，止也。

［經］諸侯遂圍許。（僖公廿八年）[傳]遂，繼事也。

［經］曹伯襄復歸于曹，遂會諸侯圍許。（僖公廿八年）[傳]遂，繼事也。

［經］公子遂如京師，遂如晉。（僖公三十年）[傳]以尊遂乎卑，此言不敢叛京師也。

［經］遂城鄫。（僖公十七年）[傳]遂，繼事也。

［經］楚子、鄭人侵陳，遂侵宋。（宣公元年）[傳]遂，繼事也。

［經］至檉，遂奔齊。（宣公十八年）[傳]遂，繼事也。

［經］遂城虎牢。（襄公二年）［傳］若言中國焉，內鄭也。

［經］夏，五月甲午，遂滅傅陽。（襄公十年）［傳］遂，直遂也。其曰遂何？不以中國從夷狄也。（其曰遂何，依王引之說：當作"其日何"）

［經］季孫宿帥師救邰，遂入鄆。（襄公十二年）［傳］遂，繼事也。

［經］遂滅厲。（昭公四年）［傳］遂，繼事也。

證曰：遂為繼事，義郅明顯，而或重發傳，或不重發傳，例既無定，《疏》亦遂不能為之說。詞之蕪亂，莫茲為甚；詞之重累，亦莫茲為甚。適足以見其不得《春秋》謹嚴之真傳也。

［經］冬，十有二月丙午，齊侯、衛侯、鄭伯來戰于郎。（桓十年）［傳］來戰者，前定之戰也。內不言戰，言戰則敗也。不言其人，以吾敗也。不言及者，為內諱也。［疏］不言其人者，謂不稱公也。不言及者，謂不云及齊侯、衛侯、鄭伯也。傳與下十七年傳文同，但觀經立說，故二處有異耳。

［經］夏，五月，及齊師戰于郎。（桓公十七年）［傳］內諱敗，舉其可道者也。不言其人，以吾敗也。不言及之者，為內諱也。［注］言人則微者敗于微者，故言師；及當有人，公親帥之，恥大不可言。［疏］傳云為內諱，則是公可知。

［經］秋，八月丁未，及邾人戰于升陘。（僖公二十二年）［傳］內諱敗，舉其可道者也。不言其人，以吾敗也。不言及之者，為內諱也。［疏］不言其人，謂不言邾之主名也。不言及者，為內諱也，謂不言魯之主名也。與桓十七年解異者，觀經為說，不可執文也。

證曰："內諱敗"等句，皆重覆發傳，且或不釋經。其人者，彼之人也。桓十年經已舉齊侯、衛侯、鄭伯，彼之人也；而曰："不言其人，以吾敗也。"其誤一。（桓十年疏非是）僖廿二年經已言邾人，亦發"不言其人"之傳。其誤二。(《春秋》將卑師少稱人。邾，小國，自不出主名，疏說非是)來戰無從言及，(經不能言及齊侯、衞侯、鄭伯來戰)桓十年經自不書及，而是傳曰："不言及者，為內諱也。"其誤三。隱元年傳曰："及者何，內卑者也。"經既書及，自不言魯之主名，(此破疏說)而僖廿二年傳曰："不言及之者，為內諱也。"其誤四。此皆不必發傳，而妄發傳，既嫌于重累，又或不釋經，至使注疏不得不棄傳以就經。其曰："觀經為說，不可執文。"蓋《穀梁》之失亂，不能掩飾之也。

[經]冬，十有二月，夫人姜氏會齊侯于禚。(莊公二年)[傳]婦人既嫁不踰竟；踰竟，非正也。婦人不言會；言會，非正也。饗甚矣！

[經]春，王二月，夫人姜氏饗齊侯于祝丘。(莊公四年)[傳]饗甚矣！饗齊侯，所以病齊侯也。

[經]夏，夫人姜氏如齊師。(莊公五年)[傳]師而曰如，衆也。婦人既嫁不踰竟；踰竟，非禮也。[疏]復發傳者，嫌師與國異也。

[經]春，夫人姜氏會齊侯于防。(莊公七年)[傳]婦人不會；會，非正也。

[經]冬，夫人姜氏會齊侯于穀。(莊公七年)[傳]婦人不會；會，非正也。[疏]再發傳者，防是魯地，穀是齊邑，故重發之。

[經]夏，夫人姜氏如齊。(莊公十五年)[傳]婦人既嫁不踰竟；踰竟，非禮也。[疏]重發之者，此非淫，恐異，故發傳同之。

[經]夫人姜氏如莒。(莊公十九年)[傳]婦人既嫁不踰竟；踰竟，非正也。[疏]重發傳者，嫌此適異國，恐別，故發傳以同之。

[經]春，王二月，夫人姜氏如莒。(莊公二十年)[傳]婦人既嫁不踰竟；踰竟，非正也。[疏]重發傳者，比再如莒，失禮之甚，故詳之。

證曰：婦人既嫁不踰竟，踰竟則非禮非正；不重發傳，亦可知也。雖微有異，亦可不必，而《穀梁》不憚煩其詞。莊七年會于穀，與會禚同為齊地；疏之為說，乃隱匿之，不可信也。會于防與饗祝丘同為魯地，傳之重發，《疏》且不能為之說矣。《穀梁》文詞之重累蕪亂，不可諱也。柯《注》曰："《春秋》之義，不可勝譏，但壹譏，若君臣、父子、夫婦之大閑，則必每事謹之。故數發傳，不嫌其重複也。"其于此數傳之重累，為之迴護不遺餘力。而于四年傳註曰："已見前會禚傳，無庸覆說，蓋衍文。"則亦病其重累。《穀梁》之失亂，灼然可知矣。許桂林曰："穀梁子受業子夏，孔門文學科也。深得古人為文體要，以其所論，推其所不論；省文互見，條理自具。觀其與公羊為同門，各自為傳，而詳略亦復相備；則其本傳之不為繁贅，宜矣！"許氏此說，《穀梁》當之，殊有愧色。

[經] 冬，十有二月己丑，葬我君桓公。（桓公十八）[傳] 葬我君，接上下也。君弒賊不討、不書葬，此其言葬，何也？不責踰國而討于是也。桓公葬而後舉謚。謚，所以成德也，于卒事乎加之矣。

[經] 夏，六月辛酉，葬我君莊公。（閔公元）[傳] 莊公葬而後舉謚。謚，所以成德也，于卒事乎加之矣。[疏] 復發傳者，桓公被殺，莊公好終，僖公葬緩，嫌異禮，故各發傳以明之。

[經] 夏，四月丁巳❶，葬我君僖公。（文公元）[傳] 薨稱公，舉上也。僖公葬而後舉謚。謚，所以成德也，于卒事乎加之矣。[疏] 重發傳者，桓不以禮終，僖則好卒，二者既異，故傳詳之。

證曰：魯君葬謚之例，《穀梁》于桓已❷發之，則于莊公之葬，雖省文亦可知；僖亦好卒，尤可從略。疏謂僖公葬緩有異，則昭公喪自外至亦異，（定元年，夏，六月癸亥，公之喪至自乾侯）而不發

---

❶❷　"已"當為"巳"。——編者註

傳，果又何耶？（破《疏》說）且于僖葬說"薨稱公"之義，亦不釋經。《穀梁》文詞之重累，失《春秋》謹嚴之義者，實非一也。

［經］八月癸亥，公薨于路寢。（僖三十）［傳］路寢，正寢也。寢疾居正寢，正也。男子不絕婦人之手，以齊終也。

［經］冬，十月壬戌，公薨于路寢。（宣十八）［傳］路寢，正寢也。［疏］重發傳者，莊據始，故發之；宣公篡弒有嫌，成公承所嫌之下，故各發傳也。

［經］己丑，公薨于路寢。（成十八）［傳］路寢，正寢也。男子不絕婦人之手，以齊終也。［疏］（無說）

證曰：路寢之為正寢，不必重發傳也。宣之篡弒，成之承嫌，與寢居有何相涉者？《疏》之為說，甚曲解也。如果相涉，則宣公之葬，亦當復發傳，而不復發，可以知矣。柯《注》曰："重發傳者，宣篡立，臣子之義，猶予其正終。"其說與疏同。"男子不絕婦人之手，以齊終也。"于成重發傳，于宣不重發，疏之無說，不可以強說也。（柯《註》亦然）《穀梁》如果有條理者，則宣、成當俱發之，或俱不發。此足證其不得謹嚴之傳也。

第五　《穀梁》之晚于《公羊》

［經］春，正月，寔來。（桓六）［傳］寔來者，是來也。何謂是來，謂州公也。其謂之是來，何也？以其畫我，故簡言之也。諸侯不以過相朝也。［注］畫是相過，去朝遠。

證曰：《穀梁》此傳"畫我"之詞，蓋本《公羊》"化我"之語；"化我"，齊語，故公羊用之，穀梁魯人（詳見本篇第十），則

27

不當用之，此其晚于《公羊》、採摭《公羊》之明證。桓六年《公羊傳》曰："曷為謂之寔來，慢之也。曷為慢之，化我也。"何君《註》曰："行過無禮謂之化，齊人語也。"哀六年《公羊》傳亦曰："陳乞曰：'常（陳乞）之母有魚菽之祭，願諸大夫之化我也'。"陳乞，齊人；"化我"，齊語，見于《公羊》，甚明且切。《穀梁》為魯語，魯語之中，無有用"畫我"之詞者，必《穀梁》之襲用《公羊》齊語，可無疑也。鍾文烝曰："畫、化聲近，行過無禮謂之化，然則畫我者，魯人語也。"案：《論》《孟》諸書，皆出自鄒魯，未有一用"畫我"之詞者，（《論語》"今汝畫"，不作"相過"解）則鍾之立說，固臆說也。《穀梁》採摭《公羊》，晚于《公羊》，此其確證。

《釋文序錄》曰："穀梁赤乃後代之傳聞。"陳蘭甫《東塾讀書記》闡明之甚詳，足與此論《穀梁》襲用《公羊》之說參證。具詳于後。

［經］癸未，葬宋繆公。<small>隱公三年</small>［傳］日葬，故也；危不得葬也。

證曰：許桂林曰："竊嘗讀三傳，而疑《公羊》《穀梁》二傳，為一人所述；其書彼詳此略，異同互存，似屬有意。如《穀梁》葬宋繆公傳，'危不得葬也'；翬帥師伐鄭傳：'不稱公子，與于弒公，故貶也。'其故皆詳于《公羊》。（案：詳見下篇）莒人滅鄫，《穀梁》但云：'立異姓以莅祭祀。'而《公羊》'叔孫豹、鄫世子巫'，傳詳言其故。（案：在襄五年）'曹殺其大夫'，《穀梁》但云：'為曹羈崇'，而《公羊》于'曹羈出奔陳'及'曹殺其大夫'兩傳詳言之。（案：詳見下篇）其兩傳義異者，《穀梁》之義多正，《公羊》之義多偏，蓋以《穀梁》為正傳，《公羊》為外傳，如《左氏》之與《國語》耳。"案：許氏謂："其書彼詳此略，異同互存。"此實

《穀梁》晚于《公羊》之明證也。《穀梁》及見《公羊》，故于《公羊》所詳，則反略之；或于《公羊》所略，則轉詳之；似己❶見《公羊》，而後為傳者，許氏所舉數例，皆其證也。然《穀梁》不詳于大義，則非《春秋》之眞傳，非《公羊》之襲《穀梁》也。如癸未葬宋繆公，本傳慎微之大義。《春秋》所以書"癸未"日者，為後有公子馮之弒也。（在桓二年）《公羊》傳曰："故君子大居正，宋之禍，宣公為之也。"（詳見下篇第三）此《春秋》經意也。陳卓人（立）《公羊義疏》曰："易戒'履霜堅冰至'，疾其末貴正其本。是以宋有馮之弒，而危之于繆公之卒；齊有無知之弒，（案：在莊九年）而危之于僖之卒。（案：在桓公十五年）……人君尊本重統，卒葬君之終始，《春秋》于是示大經大法。"此《春秋》所以以為危不得葬之義也。《穀梁》于其事既不備，于其義自不詳，徒見《公羊》已言其故，而以兩語說之；傳《春秋》之義者，必不當如是也。其他《公羊》所詳，而《穀梁》所簡略者，非關大義，則其本事。《穀梁》之所詳者，或屬禮制，或為瑣節，不關微言大義。（詳見下篇）明《公羊》之為正傳，故能得其旨要；《穀梁》晚出于《公羊》，不得其旨要耳。亦《穀梁》非《春秋》之眞傳，本雜取傳記而造之明驗也。許氏之說，足為《穀梁》晚出之證；至其所謂"《穀梁》之義多正，《公羊》之義多偏"，則甕言爾。

[經] 夏，公子慶父帥師伐於餘丘。（莊公二年）[傳] 國而曰伐，於餘丘，邾之邑也。其曰伐，何也？公子貴矣！師重矣！而敵人之邑，公子病矣！病公子，所以譏乎公也。其一曰："君在而重之也。"

[經] 二月庚子，子姬❷姬卒。（文公十五年）[傳] 其曰子叔姬，貴也。公

---

❶ "己"應為"已"。——編者註
❷ "姬"當為"叔"。——編者註

之母姊妹也。其一傳曰："許嫁以卒之也。"男子二十而冠，冠而列丈夫。三十而娶。女子十五而許嫁，二十而嫁。

證曰：陳蘭甫《讀書記》曰："鄭君云：'《穀梁》近孔子，《公羊》正當六國之亡。'（《王制疏》引《釋廢疾》）《釋文序錄》則云：'公羊高受之于子夏，穀梁赤乃後代傳聞。'禮案：宣十五年《公羊傳》云：'多乎什一，大桀小桀；寡乎什一，大貉小貉。'此用《孟子》語。《公羊》當六國之亡，此其證也。僖二十二年《穀梁傳》云：'故曰：禮人而不答，則反其敬；愛人而不親，則反其仁；治人而不治，則反其知。'此亦用《孟子》語。則不得先于《公羊》也。且《穀梁》不但不在《公羊》之先，實在《公羊》之後，《釋文序錄》之言是也。莊二年'公子慶父帥師伐於餘丘'，《公羊》云：'邾婁之邑也，曷為不繫乎邾婁？國之也。曷為國之？君存焉爾。'《穀梁》云：'公子貴矣！師重矣！而敵人之邑，公子病矣！其一曰：君在而重之也'。劉原父《權衡》云：'此似晚見《公羊》之說而附益之。'隱二年'無駭帥師入極'，八年'無駭卒'，《穀梁》皆兩說。劉氏亦以為'《穀梁》見《公羊》之書，而竊附益之。'（堂案：劉氏于莊十四年亦云然，本篇第三已舉其說）禮案：更有可證者：文十二年'子叔姬卒'，《公羊》云：'此未適人，何以卒？許嫁矣。'《穀梁》曰：'其曰子叔姬，貴也，公之母姊妹也。其一傳曰：許嫁以卒之也。'此所謂一傳，明是《公羊傳》矣。"案：陳氏之說，非祖《公羊》者，而亦以《穀梁》為晚出，蓋一傳他無所指，說又與《公羊》同，舍《公羊》莫屬也。《穀梁》傳文多與《公羊》同者，（詳下）此更直稱之"其一傳曰"，其晚于《公羊》，本雜取傳記而造者，固百喙所不能辭也。廖《疏》曰："《喪服》有《大傳》《間傳》《服問》《小記》《三年問》《喪服四制》六篇。魯學《春秋》，當與之同。即以舊傳曰：亦惟一家一本而已。"又曰："《公羊》傳此文，不言傳曰。"其說矯誣實甚。《公羊》從無引傳曰之說，《公羊》得《春秋》之真傳，不須引他傳也。即謂魯學《春秋》，當有數傳，《穀梁》所引，亦必《公羊》，謂之舊傳，則無據也。柯《注》曰："其一二字，疑誤衍。傳者，非經師所口授，箸于簡策之文。"不認《穀梁》為晚出，惟有以為衍文也。劉師培《左盦集·春秋三傳先後考》曰："所引'一曰'之文，或係傳《穀梁》者所增，或係鄒夾諸傳有是說與《公羊》同。非《穀梁》後于《公羊》也。"說並無據。

陳氏又曰："《公羊》《穀梁》二傳同者，隱公不書即位，《公羊》云：'成公意。'《穀梁》云：'成公志。'鄭伯克段于鄢，皆云殺之。如此者不可枚舉矣。僖十七年'夏滅項'，《公羊》云：'孰滅之，齊滅之。曷為不言齊滅之？《春秋》為賢者諱，此滅人之國，何賢爾。君子之惡惡也疾始，善善也樂終；桓公嘗有繼絕存亡之功，故君子為之諱也。'《穀梁》云：'孰滅之，桓公也。何以不言桓公也？為賢者諱也。既滅人之國矣，何賢乎？君子惡惡疾其始，善善樂其終；桓公嘗有存亡繼絕之功，故君子為之諱也。'此更更句句相同，蓋《穀梁》以《公羊》之說為是而錄取之也。《穀梁》在《公羊》之後，研究《公羊》之說，或取之，或不取，或駁之，或與己說兼存之；其傳較《公羊》為平正者，以此也。""定三年，哀十年、十一年，《公羊》皆無傳，《穀梁》亦無傳。定五年、六年、七年、九年，《公羊》每年只有傳一條，《穀梁》亦然。此尤可見《穀梁》之因于《公羊》也。"《穀梁》同于《公羊》者十之二三，皆其採撫《公羊》，晚于《公羊》之證。

［經］冬，螽生。（僖公十五年）［傳］螽，非災也。其曰螽，非"稅畝之

災"也。

證曰：陳蘭甫曰："宣十五年'初稅畝'，'冬蝝生'。《穀梁》云：'蝝，非災也。其曰蝝，非稅畝之災也。'此《穀梁》駁《公羊》之說也。《公羊》以為宣公稅畝，'應是而有天災'，《穀梁》以為不然，故曰：'非災也'。駮❶其以為天災也。又云：'其曰蝝，非稅畝之災也。'駮❷其以為應稅畝而有是災也。其在《公羊》之後，更無疑矣。"案：陳氏此說，大略近是。《穀梁》晚出《公羊》之後，其說多務與《公羊》為難，凡與《公羊》所不合者，大率皆欲淆亂《公羊》之說也。如論"魯隱""祭仲""尹氏卒""宋襄公"諸條皆是。（詳見本篇第七）陳氏所舉，固未備也。晁說之曰："《穀梁》晚出于漢，因得監省《左氏》《公羊》之違畔而正之。"（《景迂生集》）《春秋復始》曰："穀梁氏云云者，左氏無異說，則與之代興，以破壞《春秋》爾。"《穀梁》晚于《公羊》，駁《公羊》之說者，誠非一也。

第六　《穀梁》之不合魯語

［經］春，王正月戊申，隕石於宋，五。是月，六鷁退飛，過宋都。(僖公十六年)［傳］是月者，決不日而月也。

證曰：是月之"是"，當讀為"隄"，魯人語也，不當如字讀。《穀梁》所謂魯人，乃不知之，則作傳者，非必魯人；或遠出於六國之後，不得《春秋》之眞傳者，此最為明驗也。《公羊傳》曰："是月者何？僅逮是月也。"何君曰："是月邊也。魯人語，在正月之幾

---

❶❷　"駁"當為"駮"。——編者註

盡，故曰劣及是月也。"孔廣森曰："是讀為隄，隄之言邊也。凡經傳言'是月'，有當如字讀者，其義為'此月也'。有當讀提月者，其義為'盡此月'。《檀弓》曰：'祥而縞，是月禫。'言盡縞之月，而為禫祭也。識古'是月'之語，乃得其解。"盧文弨《鐘山札記》曰："《公羊》經，僖十六年'春，王正月戊申朔，隕石於宋，五。提月，六鶂退飛，過宋都。'傳云：'提月者何？僅逮是月也'。""在陸德明時所見本，固有以'提月'改作'是月'者，故《釋文》先言'是月如字，或一音徒兮反'，陸氏不詳審傳文及邵公之注，明是為提字作訓詁；若作是月，何勞如此費詞乎？《初學記》每日條引此正作'提月'。陸佃注《鶡冠子·王鐵篇》'家里用提'云：'提，零日也。'亦引《公羊》為證。"據此，《公羊傳》之作提月，而孔氏以《檀弓》證之，正合魯語，最足置信。（以《檀弓》為魯語，見珂羅倔倫《左傳真偽攷》）《穀梁》則無異本，又不得其正解，故其為傳不合魯語，其證一。且如《穀梁》之說，是月不讀提月，則《春秋》之經文，宜為"寔來"之"寔"，而訓"寔"為"是"（此）；如桓六年"寔來"，不當只作"是"。其證二。又，如《穀梁傳》說："決不日而月也。"則經當再書月，亦不宜云是月。桓十二年經曰："丙戌❶，公會鄭伯盟於武父。""丙戌，衛侯晉卒。"《穀梁傳》曰："再稱日，決日義也。"（《公羊》說亦略同。范《註》曰："明二事皆當日也。"俞曲園《羣經平議》曰："決者，明也。"）決日義者，經再書日，則決不日而月，經亦當再書月，不宜先後不同，此則云是月也。足知經之作"是月"，非"決不日而月也"。其證三。據此三證，經文不作"寔"，於例又兩岐；"是"必當讀為隄，

---

❶ "戍"當為"戌"。——編者註

不當如字讀之。《公羊》魯語之說，必有所傳授者；其字之本作提，至唐初且如此。穀梁，魯人，乃不知之。於其為月邊之義，傳絕無一言及之。不合魯語，自相違戾。其不得《春秋》之真傳，本雜取傳記而造者，其驗之明確，無逾於此矣。

[附記]：瑞典珂羅倔倫著《左傳真偽攷》，以"若如""斯則""斯此""乎於""與""及""於于"，證明《左傳》之文字，與所謂魯語不合。謂《左氏》中：（一）"若"作"使"（假使）解者，《左氏》皆用"若"，魯語則用"如"；（二）"若"作"如"（像）解者，《左氏》全用"如"，魯語則"如""若"並用；（三）《左氏》之中，無代"則"之"斯"，無代"此"之"斯"，魯語則多用"斯"以代"則"，代"此"；（四）魯語之中，有用"乎"為"於"者，《左氏》之中，則極罕見；（五）魯語之中，多以"與"代"乎"者，《左氏》之中，則不多見；（六）魯語之中，多以"與"代"及"，《左氏》之中，則"及""與"並用；（七）《左氏》之中，"于""於"有分辨，魯語之中，則多用"於"。又謂：《莊子》《荀子》《呂氏春秋》《戰國策》《韓非子》諸書之文字：（一）無代"則"之"斯"；（二）無代"此"之"斯"；（三）"若""如"俱用為如（像）；（四）有用"乎"為"於"者；（五）有用"與"為"歟"者；（六）無"于""於"之別；（七）有用"邪"為"乎"者。《左氏》文字，則略異于是。（詳見《左傳真偽攷》及胡適之《提要與批評》）案：以文字考古籍，其法固亦可用，猶須于其本書，考其他之本證。此余考訂《穀梁》，不專以文法為驗也。珂羅倔倫謂魯語多用"與"以代"及"，《左氏》則多"及""與"並用；《左氏》"于""於"有辨，魯語多用"於"字。其說亦未合。《春秋》所用魯語，多用"及"以代"與"，而"于"

34

則常用，未有用"於"（介字）者。蓋其時其地所用之文法也。至所舉其他之五證，似極可信。惟《公》《穀》之書，皆漢時著竹帛，專以文字攷之，不能斷其眞偽也。《穀梁》之書：（一）用"則"者百餘見（一七二），而無代"則"之"斯"；（二）用"此"者九十餘（九十九），亦無代"此"之"斯"；（三）全書之中，約一"與"字用為"乎"者，（文四年："或者公與"）餘皆以"乎"字為疑詞；（四）全書之中，代"於"之"乎"，亦不多見，然不罕見，異于《左氏》；（五）全書之中，"若""如"俱用為"如"，若作"使"解者，全傳約兩見。"如"作"使"解者，全傳約九見。此異于左氏者也。然與《莊》《荀》諸書，則較為相同。亦無"于""於"之別，而或用"也"為"乎"。（案：《莊》《荀》書有"斯"字為例外，《穀梁》亦有代"則"之"斯"二，代"此"之"斯"二，然比之"一七二""九十九"，固猶無也）蓋《穀梁》所雜取傳記，多出周漢之交也。其非眞傳，固可無疑。

第七　《穀梁》之違反孔子

［經］元年，春，王正月。（隱公元年）［傳］雖無事必舉正月，謹始也。公何以不言即位？成公志也。焉成之？言君之不取為公也。君之不取為公，何也？將以讓桓也。讓桓正乎？曰：不正。《春秋》成人之美，不成人之惡。隱不正而成之，何也？將以惡桓也。其惡桓何也？隱將讓而桓弒之，則桓惡矣；桓弒而隱讓，則隱善矣。善則其不正焉，何也？《春秋》貴義而不貴惠，信道而不信邪。孝子揚父之美，不揚父之惡。先君之欲與桓，非正也，邪也。雖然，既勝其邪心以

與隱矣，已探先君之邪志，而遂以與桓，則是成父之惡也。兄弟，天倫也。為子受之父，為諸侯受之君；已廢天倫而忘君父，以行小惠，曰：小道也。若隱者，可謂輕千乘之國，蹈道則未也。

證曰：《春秋》一經，借事明義，即物窮理。一簡之中，隨宜褒貶；一行之善，不責備全。善事未成，則順成之；善志未遂，則養遂之。蓋《春秋》之至意，在勉人于為善也。故其立法雖嚴，而責人尚寬。胡安國《春秋傳》曰："《春秋》立法謹嚴，而宅心忠恕。"其言是也。說《春秋》者，亦必如此。黃楚望（澤）曰："凡說《春秋》，須先識聖人氣象。要識聖人渾然醇厚，凡一切峭刻煩碎之說，皆除去之。母❶惑傳註，而後聖人之旨自明，褒貶得其當矣。"（趙汸《春秋師說》）此得《春秋》之旨者也。高閌曰："或問《春秋》孰賢？曰：'東遷以後，土疆不守，職貢不奉，朝覲之禮盡廢，征伐之事專出，皆罪人也'。"（《春秋集註》）則違《春秋》之意矣。故傳說有不合忠恕之義，違反孔子之精神者，必非《春秋》之真傳；《春秋》，孔子所筆削者也。

《春秋》之義，莫貴于讓。孔廣森曰："《春秋》撥亂之教，以讓為首。君興讓則息兵，臣興讓則息貪，庶人興讓則息訟，故天下莫不亂于爭而治于讓。"廖《疏》亦曰："《春秋》弒殺奔逐之禍，多起于爭；爭為亂源，務須明讓。故《春秋》貴讓。"《穀梁》傳亦有言曰："人之所以為人者，讓也。"一部《春秋》之義，未有重于此者。苟志于讓矣，無惡也。《春秋》始于魯隱，而遂成其讓志，所以教天下之讓，以止天下之爭也。《穀梁》乃曰："隱不正而成之，將以惡桓也。"似非為惡桓，則隱讓不足成者。又曰："若隱者，可

---

❶ "母"當為"毋"。——編者註

謂輕千乘之國，蹈道則未也。"義似嚴矣，實近于刻。《春秋》之義，莫重于志；原情定過，赦事誅意，"志善而違于法者免，志惡而合于法誅"。（詳見淩曙《公羊問答》）隱有讓心，實是善事，雖終讓不成，原情固無過也。《穀梁》深文周內，斷隱為惡；開宗明義，而成人之惡。《穀梁》此傳，殆不然矣。且衛侯之弟專，本弒君之賊，而《穀梁》曰："專有是信者"，"專之去合乎《春秋》"。（襄廿七年，詳見本篇第四）弒君之賊，猶深許之；讓國之君，反深抑之。《穀梁》之所善惡，亦甚無準繩矣。廖《疏》于專曰："雖與弒有信，猶取之。設教之義不求全，《春秋》之義唯節取。"而于隱公曰："首鼠兩端，使佞臣窺伺，卒釀弒身之禍；仁而不斷，修小節而忘大道。"《穀梁》之義如此，則是嚴于讓國之君，不知節取；寬于弒君之賊，義唯節取。是《春秋》非崇禮讓，非討亂臣賊子者。《穀梁》傳意，蓋亦傎矣！此後世獨孤及輩之所以復以吳季札之讓國為非賢也。隱果未蹈道，《春秋》何用成之？如將以惡桓，不必成隱乃可。《穀梁》傳說，實傷《春秋》垂教之意，違反孔子之意恉，非得《春秋》之真傳者也。胡安國以為《穀梁》失之鑿，《穀梁》穿鑿之論，實所在多有也。

[經] 夏，四月辛卯，尹氏卒。（隱公三年）[傳] 尹氏者何也？天子之大夫也。外大夫不卒，此何以卒之也。于天子之崩為魯主，故隱而卒之。

[經] 齊崔氏出奔衛。（襄公廿年）[傳] 氏者，舉族而出之之辭也。

證曰：經書氏者，譏世卿也。《公羊》隱三年傳曰："尹氏者何？天子之大夫也。其稱尹氏何？貶。曷為貶？譏世卿；世卿，非禮也。"《公羊》宣十年傳曰："崔氏者何，齊大夫也。其稱崔氏何？貶。曷為貶？譏世卿；世卿，非禮也。"此孔子筆削《春秋》之義

穀梁眞僞攷

也。孔子之時，政在大夫，僭偪理極，故《春秋》譏世卿，《論語》言舉賢才；蓋孔子之意，欲以矯時弊也。《漢書‧張敞傳》曰："臣聞公子季友有功于魯，大夫趙衰有功于晉，大夫田完有功于齊，皆疇其官邑，延及子孫。終後田氏篡齊，趙氏分晉，季氏顓魯。故仲尼作《春秋》，迹盛衰，譏世卿，最甚。"《後漢書‧樂恢傳》曰："夫政在大夫，孔子所疾；世卿持祿，《春秋》以戒。聖人懇惻，不虛言也。"錢大昕《潛研堂答問》曰："尹氏立王子朝，在昭公之世，而書'尹氏卒'于隱之策。崔杼弑君，在襄之世，而書'崔氏奔衛'于宣之策。此卿不得世也。"撥亂世，反諸正，孔子之教，蓋必如是。而《穀梁》于尹氏，旣不傳譏世卿之義，于崔氏之奔衛，又以為舉族而出之。故何君《廢疾》曰："即稱氏為舉族而出，'尹氏卒'寗可復以為舉族死乎？"《穀梁》出詞之不當，違反孔子之經意，亦甚甚矣。鄭君曰："舉族而出之之辭者，固譏世卿也。"猶欲為《穀梁》飾。鍾氏《補注》曰："《穀梁》解'宋大夫'，言'司馬'為'祖之位'，此正《春秋》不譏世卿之驗。"柯《注》曰："《五經異義》列《公羊》《穀梁》說：'卿大夫世，則權並于一姓，妨塞賢路，專政犯君。故經譏周尹氏、齊崔氏也。'按：《穀梁傳》無譏世卿之文，《異義》與《公羊》並引者，尹氏《穀梁》無傳，不容略而不言。《漢書‧藝文志》有《穀梁外傳》《穀梁章句》，其義當出《外傳》《章句》二書中。"據此，《穀梁》之無明文，（《外傳章句》，自不可信）且言司馬為祖之位，是《穀梁》不譏世卿也，違反孔子之旨矣。其不得《春秋》之眞傳，本雜取傳記以造者，舉此一端，亦足以見。

[經]突歸于鄭。(鬈十)[傳]曰突，賤之也。曰歸，易辭也。祭仲易其事，權在祭仲也。死君難，臣道也。今立惡而黜正，惡祭

仲也。

［經］秋，公子結媵陳人之婦。于鄄，遂及齊侯、宋公盟。（襄公十九年）［傳］媵，淺事也，不志。此其志何也？辟要盟也。何以見其辟要盟也？媵，禮之輕者也；盟，國之重也。以輕事遂乎國重，無說。其曰"陳人之婦"，略之也。其不日，數渝，惡之也。

［經］晉士匄帥師侵齊；至穀，聞齊侯卒，乃還。（襄公十九年）［傳］還者，事未畢之辭也。受命而誅生，死無所加其怒；不伐喪，善之也。善之則何為未畢也？"君不尸小事，臣不專大名"，"善則稱君，過則稱己"，則民作讓矣。士匄外專君命，故非之也。

證曰：孔子之學，貴乎中庸，以權為高，以時為大。孔子曰："中庸之為德也，其至矣乎！"又曰："可與立，未可與權。康棣之華，偏其反而。"《春秋》，孔子所筆削者，蓋必傳孔子中庸、權時之義者。程子曰："《春秋》以何為準，無如中庸；欲知中庸，無如權。何謂權？時也，義也。"一部《春秋》之義，實以權時為準。鍾文烝曰："大氐聖人之學，始于志，中于立，終于權。故'四十而不惑，五十而知天命，六十而耳順'。皆由立而權之、節次功候也。至於'七十而從心所欲，不踰矩'，則權道之備而作《春秋》之年也。知禮者可與立，知《春秋》者可與權。權者，立之極至也；《春秋》者，禮之極至也。《記》曰：'禮，時為大。'孟子曰：'孔子，聖之時者也。'時者，謂中而權也。"蕭楚曰："守道之經，而不觀於時之會通者，未足與議也。執義之常，而不度於事之機變者，未足與言義。之二者，胥失也。君子於此貴於觀時會通，而不拘於道之經；度事機變，而不牽於義之常。故能因時乘理，裁宜通變，以濟當世。自非其深足以通天下之權，孰能與此者？此其說吾於《春秋》見之矣。"（《春秋辨疑》《春秋統辨》）孔子之學，《春秋》之義，於通

39

權達變,其深切有如此者,雖鍾之治《穀梁》,亦不能沒之也。然《穀梁》一傳,則諱言行權;全傳之中,無許人以權者,違反孔子之恉,不合《春秋》之義。鄭祭仲、公子結、晉士匄,《春秋》所許以行權者也。《公羊》於祭仲曰:"何賢乎祭仲?以為知權也。古人之有權者,祭仲之權是也。權者何?權者,反於經然後有善者也。"於公子結曰:"聘禮大夫受命不受辭。出竟有可以安社稷、利國家者,則專之可也。"於晉士匄曰:"大夫以君命出,進退在大夫也。"《穀梁》於三人之通權達變,因時乘理,無一以為可者。全傳之中,說皆如是。鍾氏論經,謂極於權,《穀梁》之傳則實不然。得《春秋》之真傳者,必不當違反孔子,至如斯之甚也。

[經] 冬,十有一月己巳朔,宋公及楚人戰於泓,宋師敗績。<small>僖公廿二年</small>[傳] 日事遇朔曰"朔"。《春秋》三十有四戰,未有以尊敗乎卑,以師敗乎人者也。以尊敗乎卑,以師敗乎人,則驕其敵。襄公以師敗乎人,而不驕其敵,何也?責之也。泓之戰,以為復雩之恥也。雩之恥,宋襄公有以自取之。伐齊之喪,執滕子,圍曹,為雩之會;不顧其力之不足,而致楚成王。成王怒而執之。故曰:"禮人而不答則反其敬,愛人而不親則反其仁,治人而不治則反其知。""過而不改,又之,是謂之過。"襄公之謂也。古者被甲嬰胄,非以興國也,則以征無道也;豈曰以報其恥哉?宋公與楚人戰於泓水之上,司馬子反曰:"楚衆我少,鼓險而擊之,勝無幸焉。"襄公曰:"君子不推人危,不攻人厄,須其出。"既出,旌亂于上,陳亂于下。子反曰:"楚衆我少,擊之,勝無幸焉。"襄公曰:"不鼓不成列。"須其成列而擊之,則衆敗而身傷焉,七月而死。倍則攻,敵則戰,少則守。人之所以為人者,言也;人而不能言,何以為人。言之所以為言者,信也;言而不信,何以為言。信之所以為信者,道也;

信而不道，何以為道。道之貴者，時；其行，勢也。

證曰：宋襄之敗，《公羊》以為"臨大事而不忘大禮，有君而無臣，以為雖文王之戰，亦不過此也"。《穀梁》反責其信而不道，亦甚不合於孔子之恉。"子釣而不綱，弋不射宿。"（《論語·述而》）其言曰："君子喻於義，小人喻於利。"（《里仁》）"自古皆有死，民無信不立。"（《顏淵》）皆純任仁者之心，不稍較其利害得失，故有殺身以成仁，而無求生以害也。《春秋》之義，亦一本於仁。程子論《春秋》曰："夫其至動至賾之不齊，而聖人何以一之哉？曰：仁而已矣。故萬物之聚散，經世之紀綱，聖人一道以成之曰'仁'。觀《論語》之書，而知聖心之安'仁'。書於《春秋》者，無非此理。"董君論《春秋》曰："《春秋》之所治，人與我也。所以治人與我者，仁與義也。以仁安人，以義正我。"（《春秋繁露·仁義法》）此皆得《春秋》之根本者也。仁人者，"正其誼不謀其利，明其道不計其功"。（董君語）朱子以為"《春秋》本是正誼明道之書"。（《朱子語類》八十三）功利之見，《春秋》所卑。《穀梁》之於宋襄，則以成敗論之。此與《左氏》相同，失《春秋》之意矣。（朱子曰："左氏之病，是以成敗論是非，而不本於義理之正。嘗謂左氏是個猾頭，熟事趨炎附勢之人。"又曰："公羊是個村樸秀才，穀梁又較點得些。"）孔廣森曰："襄公之於楚，始為乘車之會，期以禮服之；不可得服，然後以兵治之。跡其'征齊'以義，'會霍'以信，'不厄險'以仁，雖功烈不及伯者之所為，其所嚮慕，則王者之用心也。是以引而進之。楚之病中國久矣……能言距楚者，《春秋》之所高也。苟將伸齊而抑宋，則是先功利而後仁義，豈文王之所以為治？《繁露》曰：'《春秋》之義，貴信而賤詐。詐人而勝之，雖有功，君子弗為也。故善宋襄公不厄人，不由其道而勝，不如由其道而敗。'《春秋》貴之，將以變習俗而成王化也。……孔子曰：'君子去仁，惡乎成名。造次必於是，顛沛必於是。'未有守正以敗而惡之也。"故《穀梁》之傳意，與孔子相違反。若其親傳《春秋》，則必不至於此。

崔觶甫曰："《穀梁》於'獻捷'之楚人，以為楚子。（案：獻捷在僖二十一年）於戰泓之楚人，則曰：'以尊敗乎卑，以師敗乎人。'乃以'將卑師少稱人'之義當之。人字之義既相歧，且既云：'以師敗乎人'，是謂宋師衆而楚人寡也。又曰：'倍則攻，敵則戰，少則守'，是又謂楚人倍而宋師少也。衆寡之數復相反。是皆譽矛鬻盾，譽盾鬻矛而已。……既造故實以誣襄公，釋經之語，乃繫之穀梁氏，以破壞傳義而為左氏驅除也。"又曰："兵家之言曰：'兵不厭詐'，儒家之言曰：'不由其道而勝，不如由其道而敗'。故如孫臏為齊圍魏救趙之計，兵家貴之，儒家賤焉。陳餘稱'儒家用兵，不尚詐謀'，其有得於《春秋》之義乎！"（《春秋後姶》卷二十七）《穀梁》憙言兵術詐謀，非《春秋》之眞傳也。

葉夢得《春秋傳》曰："以襄公有取敗之道則可，以襄公為非戰之道則不可。《春秋》貴偏戰，不貴詐戰，則襄公之義，有不可貶也。"葉氏善《穀梁》者，亦不以為是也。

第八 《穀梁》之雜取傳記

[經] 莒人伐杞，取牟婁。（隱公四年）[傳] 傳曰："言伐言取，所惡也。"

[經] 春，公觀魚於棠。（隱公五年）[傳] 傳曰："常事曰視，非常

曰觀。"

［經］五月，葬桓王。（莊公三年）［傳］傳曰："改葬也。"

［經］冬，十月，叔孫得臣敗狄於鹹。（文公十一年）［傳］直敗一人之辭也。傳曰："長狄也。弟兄三人。"

［經］春，王正月，杞伯來逆叔姬之喪以歸。（成公五年）［傳］傳曰："夫無逆出妻之喪而為之也。"

［經］曹伯廬卒於師。（成公三年）［傳］傳曰："閔之也。"

［經］春，王正月，雨木冰。（成公十六年）［傳］雨而木冰也，傳曰："根枝折。"

［經］天王殺其弟佞夫。（襄公三十年）［傳］傳曰："諸侯且不首惡，況於天子乎？"

［經］晉荀吳帥師敗狄於太原。（昭公元年）［傳］傳曰："中國曰'太原'，夷狄曰'大鹵'。號從中國，名從主人。"

證曰：《四庫全書總目·穀梁提要》曰："《漢書·藝文志》載《公羊》《穀梁》二家，《經》十一卷，《傳》亦各十一卷，則經、傳初亦別編，范甯《集解》乃併經注之。疑即甯之所合。……'公觀魚於棠'一條，'葬桓王'一條，'杞伯來逆叔姬之喪以歸'一條，'曹伯廬卒於師'一條，'天王殺其弟佞夫'一條，皆冠以'傳曰'字，惟'桓王'一條，與《左傳》合，餘皆不知所引何傳。疑甯以傳附經之時，每條皆冠以'傳曰'字，如鄭玄、王弼之《易》，有'彖曰''象曰'之例。後傳寫者刪之，此五條其刪除未盡者也。"齊召南《春秋穀梁傳注疏攷證》曰："傳中引'傳曰'者凡八見。……皆所謂傳聞之說也。"案：《穀梁》引"傳曰"者，實凡九見。其在傳文之間者凡二，並不盡冠其首。則非范甯以傳附經之時，每條皆冠以"傳曰"字，其後傳寫，刪之有未盡者；蓋《穀梁》雜引傳記之說也。其引"傳曰",多有所指,或本於《公羊》,或闇合《左氏》,或為他之傳記,而今不可攷者。此《穀梁》本雜取傳記以造者,《提要》未之悟也。

《穀梁》所引傳曰,其語同於《公羊》者三,其義合於《公羊》者三,與《左氏》合者一,今不可攷者二。莊三年引傳曰:"改葬也。"《公羊傳》曰:"此未有言崩者,何以書葬?蓋改葬也。"略同《公羊》,其一。(《提要》以為與《左氏》合,實傳引"或曰"與之合,見下)文十一年引傳曰:"長狄也,弟兄三人。"《公羊傳》曰:"狄者何?長狄也。兄弟三人。"直用其語,其二。昭元年引傳曰:"中國曰太原,夷狄曰大鹵。號從中國,名從主人。"《公羊傳》曰:"此大鹵也。曷為謂之大原?地物從中國,邑人名從主人。"略變其詞,其三。古人引據他書,每有加損其文。此三者,其語略同《公羊》,必引《公羊》之說也。隱四年引傳曰:"言伐言取,所惡也。"其義本於《公羊》。莊述祖曰:"此《公羊》義,而稱'傳曰'。是其證矣。"(據《穀梁廢疾·申何》引)其一。成九年引傳曰:"夫無逆出妻之喪以歸而為之也。"《公羊》傳曰:"內辭也,脅而歸之也。"語雖不同,正反若一。義本出于《公羊》,其二。成十六年《穀梁》曰:"雨而木冰也,傳曰:'根枝折'。"《公羊傳》曰:"雨而木冰也。"何《註》曰:"木者少陽,幼君大臣之象;冰者凝陰,兵之類也。冰脅木者,君臣將執於兵之徵也。"何《註》多當時口說。(《春秋筆削大義微言考》發凡:"《春秋》口說,傳在《公羊》家董仲舒、何休")陳卓人《公羊義疏》曰:《穀梁》引傳曰"根枝折",正與"陰氣脅木"之義合。《穀梁》所引,非無所本,其三。此三者,義皆合於《公羊》,其詞則變易殊甚耳。亦引《公羊》之說也。(莊二年引其一曰:"君在而重之也。"本出《公羊》

44

"君存焉爾"傳。知《穀梁》之引《公羊》，多變易其文字，無足怪者）襄三十年引傳曰："諸侯且不首惡，況於天子乎?"《左氏》曰："罪在王也。"《穀梁》之義，與之相合，蓋亦師其意而不師其詞者。隱五引傳曰："常事曰視，非常曰觀。"此本他傳記文。莊廿四年亦用之，（公如齊觀社傳："常事曰視，非常曰觀。觀，無事之詞也。"）則不復著"傳曰"。成三年引傳曰："閔之也。"亦他傳記之文，襄十八年引用之，（"曹伯負芻卒於師"下）亦不復著"傳曰"。其所引傳，今不可攷，要必古之成文，雜引以為說也。故就其所引"一傳"，及所引"傳曰""或曰"，其暗用古傳記之文，（詳下）而又不得《春秋》之眞傳。《穀梁》之本雜取傳記以造者，非誣之也。

［經］紀子伯、莒子盟於密。（隱二年）［傳］或曰："紀子伯、莒子而與之盟。"或曰："年同爵同，故紀子以伯先也。"

［經］冬，十月，無侅卒。（隱八年）［傳］或曰："隱不爵大夫也。"或說曰："故貶之也。"

［經］祭公來，遂逆王后於紀。（桓八年）［傳］或曰："天下無外，王命之則成矣。"

［經］齊師遷紀邢鄑郚。（莊元年）［傳］或曰："遷紀於邢鄑郚。"

［經］五月，葬桓王。（莊三年）［傳］或曰："卻尸以求諸侯。"

［經］秋，築臺於秦。（莊三十一年）［傳］或曰："倚諸桓也。"

［經］十有二月丁巳，夫人氏之喪至自齊。（僖元年）［傳］或曰："為齊桓諱殺同姓也。"

［經］夏，五月，王子虎卒。（文三年）［傳］或曰："以其嘗執重以守也。"

［經］六月癸酉，季孫行父、臧孫許、叔孫僑如、公孫嬰齊帥師會晉卻克、衛孫良夫、曹公子手，及齊侯戰於鞌；齊師敗績。（成二年）

［傳］或曰："日其戰也。"或曰："日其悉也。"

［經］夏，五月，宋、衛、陳、鄭災。（昭公十八年）［傳］或曰："人有謂鄭子產曰：'某日有災'。"

［經］有鸜鵒來巢。（昭公二十五年）［傳］或曰："增之也。"

［經］冬，城中城。（定公六年）［傳］或曰："非外民也。"

［經］得寶玉大弓。（定公九年）［傳］或曰："陽虎以解衆也。"

證曰：《穀梁》所引"或曰"，全傳凡十三見，亦其雜取傳記，而託之於"或曰"也。此所引十三條中，同於《公羊》者四，同於《左氏》者四，今不可攷者五。隱八年無駭卒，《公羊傳》曰："何以不氏，疾始滅也，故終其身不氏。"此引或曰："故貶之也。"同于《公羊》，而易其語。其一。（劉原父已有是說，詳見本篇第五）桓八年祭公來逆王后，《公羊傳》曰："女，在其國稱女。此其稱王后何？王者無外，其辭成矣。"此引或曰："天子無外，王命之則成矣。"同于《公羊》，略易其語，其二。成二年鞌之戰魯四卿竝出。何君《注》曰："不舉重者，惡內多虛國家，悉出用兵，重錄內也。"此引或曰："日其悉也。"與何註《公羊》之口說正同，其三。定九年得寶玉大弓，此引或曰："陽虎以解衆也。"其事傳在《公羊》，所謂"憬然後免"是也。得之傳聞，故略有異。其四。《穀梁》同于《公羊》者十之二三，或直用其文，或暗襲其義，或以"傳曰"引之，或以"或曰"引之，所以使人不察其多襲取《公羊》也。莊三年葬桓王，《左氏》曰："緩也。"此引或曰："卻尸以求諸侯。"義同《左氏》。（柳興恩亦曰："《左氏》云：緩也。則《穀梁》所謂卻尸以求諸侯者也。"）其一。僖元年夫人氏之喪至自齊，《左氏》曰："君子以齊人之殺哀姜為已甚矣！"此引或曰："為齊桓諱殺同姓也。"其意相若。（柯《注》同）其二。文三年王子虎卒。

此引或曰："以其嘗執重以守也。"柯《注》曰："或說子虎,即《左氏》之王叔文公。"暗用《左氏》,其三。昭十七年《左氏》曰："鄭裨竈言於子產曰:'宋、衞、陳、鄭,將同日火。'"此傳所引或曰之說,實略同于《左氏》。其四。若其不可攷之五傳之中。定六年傳引或曰："非外民也。"成九年城中城傳,則直曰:"非外民也。"不冠以"或曰"字,蓋《穀梁》之引用異說,有加以"傳曰""或曰"者,有直用以為己說者。故或加或否,先後不一律,極似諱其為雜取傳記者。然其不可攷者固多,其可攷者,亦甚多也。

[經] 春,王正月,師次于郎,以俟陳人、蔡人。(犖)[傳] 故曰:"善陳者不戰。"此之謂也。"善為國者不師,善師者不陳,善陳者不戰,善戰者不死,善死者不亡。"

證曰:《穀梁》本雜取傳記以造者,攷厥取材,約有六類。一,其襲取《公羊》之文為最多,劉氏所謂"十之二三"是也。二,其次則為《禮經》《禮記》。惠棟《九經古義·穀梁》曰:"傳中所載,與《儀禮》《禮記》諸經合者,不可悉舉。"其說是也。(《穀梁》非傳禮者,其與《禮經》《禮記》合,當是《穀梁》襲《禮經》《禮記》。例詳下篇第一)三,又其次者,《左氏》《國語》。(已略詳上,餘更詳下。《左》《國》本先于《穀梁》)四,又其次者,則為《荀子》。《荀子·大略篇》:"貨財曰賻,輿馬曰賵,衣服曰襚,玩好曰贈,貝玉曰唅。"《穀梁》隱元年傳曰:"乘馬曰賵,衣衾曰襚,貝玉曰含,錢財曰賻。"不及《荀子》之詳。又《大略篇》曰:"誥誓不及五帝,盟詛不及三王,交質子不及五伯。"隱八年《穀梁傳》亦有此文,惟云二伯,不云五伯,是其例也。(《荀子》傳《公羊》之學者,蓋《穀梁》錄之《荀子》也。《勸學篇》云:"《春秋》之微也。"《大略篇》云:"《春秋》賢繆公,以為能變也。"皆《公羊》義。詳見汪中《荀卿子通論》）五，又其次者，為《毛詩傳》。王應麟《困學記聞》曰："《穀梁》言'大侵'之禮，與《毛詩·雲漢傳》略同；言'蒐狩'之禮，與《毛詩·車攻傳》相合。此古禮之存者。"（例詳下篇）柳興恩亦曰："《毛傳》多用《穀梁》師說，他如'旱旣太甚'章'歲凶，年穀不登'以下云云。"俱其證也。（此當是《穀梁》《毛傳》同出一原。《穀梁》不及《毛傳》所述之詳，或取之《毛傳》。詳見下篇）六，再其次者，如"齊人伐山戎"傳本《管子》，（此顧亭林《日知錄》說）"梁山崩"傳本《韓詩外傳》之類，（詳見下篇）及古之成文不盡可攷者。茲所舉傳"故曰"以下，並皆古之成文。《漢書·刑法志》稱："故曰：善師者不陳，善陳者不戰，善戰者不敗，善敗者不亡。"鈔本《北堂書鈔》引《逸周書·大武》曰："善政（同征）不攻，善攻不侵，善侵不伐，善伐不陳，善陳不戰，善戰不鬥，善鬥不敗。"《鹽鐵論》曰："善克者不戰，善戰者不師，善師者不陳。"文雖有異，足見古有是語。幷《穀梁》雜以傳記成文之確證。漢代以《穀梁》為古文，其傳授又不甚可考，（詳下）且不得傳經之體，而失謹嚴之義，不合魯語，違反孔子，足證其不得《春秋》之眞傳，本雜取傳記以造者。其所取材，旣約六類，則其取《公羊》者十之二三，取《禮經》《禮記》者十之二三，取他之傳記者十之一二。加以其所以嚮壁虛造，以臆斷者，作為斯傳，固不難也。

第九 《穀梁》亦古文學

［經］甲午治兵。（僖八）［傳］出曰治兵，習戰也；入曰振旅，習

戰也。

［經］秋大水，鼓用牲于社，于門。（僖公二十五年）［傳］既戒鼓而駭衆，用牲可以己❶矣。

證曰：《春秋復始·穀梁氏亦古文學》曰："《漢書·梅福傳》：'推迹古文，以《左氏》、《穀梁》、《世本》、《禮記》相明。'《後漢書·章帝紀》：'令羣儒受學《左氏》、《穀梁》、《古文尚書》、《毛詩》。'此于《穀梁》，一則明言古文，一則與三古文並列，其為古文明矣。古文為劉歆雜取傳記而造，則武、宣之世，安得有《穀梁》？劉歆、班固，皆有《漢書》，後人雜之，遂成今之《漢書》。（原注：說詳《史記探源》卷一《序證要略節注》）故其言多矛盾，以全書證之，洞見癥結矣。《儒林傳》曰：'瑕丘江公授《穀梁》《春秋》及《詩》于魯申公，傳子至孫。武帝時，江公與董仲舒并。仲舒能通五經，能持論，善屬文，江公吶于口。上使與仲舒議，不如仲舒。而丞相公孫弘本為《公羊》學，比輯其議，卒用董生。於是上因尊《公羊》家，詔太子受《公羊春秋》。由是《公羊》大興。太子復私問《穀梁》而善之。其後寖微，唯魯榮廣、皓星公二人受焉。廣與《公羊》大師眭孟等論，數困之。故好學者頗復受《穀梁》。沛蔡千秋、梁周慶、丁姓皆從廣受。千秋又事皓星公。宣帝聞衛太子好《穀梁》，以問丞相韋賢、長信少府夏侯勝、侍中史高，皆魯人也，言穀梁子本魯學，公羊子乃齊學也，宜興《穀梁》。汝南尹更始，本自事千秋，會千秋病死，徵江公孫為博士。劉向以故諫大夫待詔，受《穀梁》，欲令助之。江博士復死。乃徵周慶、丁姓待詔保宮。甘露元年，召五經名儒太傅蕭望之大議殿中，平《公羊》

---

❶ "己"應為"已"。——編者註

《穀梁》同異，各以經處是非。時《公羊》博士嚴彭祖，侍郎申輓、伊推、宋顯，《穀梁》議郎尹更始，待詔劉向、周慶、丁姓、並論。望之等十一人，各以經誼對，多從《穀梁》，由是《穀梁》大盛.'（原註："以上皆引《儒林傳》"。案：有刪節。）案：此傳宗旨，與《七略》同，亦劉歆所作也。歆造《左氏傳》，以篡《春秋》之統，又造《穀梁傳》為《左氏》驅除，故兼論三傳則申《左》，並論《公》、《穀》，則右《穀》。謂江之屈于董也以吶，而董又藉公孫丞相之助，以見《穀》之非不如《公》。其後榮廣論困眭孟，以見《公》之不如《穀》。謂穀梁魯學，則其親炙七十子之徒，自廣于公羊齊學矣。但如此大議，豈不視傅太后稱尊事，重要相若。彼時媚說太后者為董宏，而彈劾董宏者，師丹、傅喜、孔光、王莽也。四人傳中皆言之。《後漢書》光武帝建武二年，韓歆欲立《左氏》博士，范升、陳元互相爭辯，二人傳中皆言之。《儒林李育傳》又引之。何以屈江公，申董生，仲舒、公孫傳中並不言。對宣帝問，韋賢、夏侯勝、蕭望之、劉向傳中亦不言也。江公之《穀梁》學，既為公孫丞相所不用，武帝因尊《公羊》，而詔衛太子受《公羊》，則衛太子復安所問《穀梁》？且公孫丞相薨于元狩二年，嘗逐仲舒膠西，則用董生又在其前，董生用則江公罷。太子果問《穀梁》，當在江公未罷以前，即使同在一年，是時太子甫八歲，未聞天縱如周晉，安能辨《公》《穀》之孰善？宣帝尊武帝為世宗，諡衛太子曰戾，抑揚之意可知，獨于經學，則違世宗而從戾園，亦情理所不合者也。謂賢、勝、望之皆右《穀梁》；更始，向且為《穀梁》學家。乃攷其言，賢子玄成，少修父業者也。玄成為丞相，與諫大夫尹更始《陳罷郡國廟議》曰：'毀廟之主，臧乎太祖，五年而再殷祭.'蕭望之《雨雹對》曰：'季氏專權，卒逐昭公.'《伐匈奴》對曰：'大士匄之不伐喪。'劉向《上封事》曰：'周大夫祭伯出奔于魯，而《春秋》為諱，不言來奔；是後尹氏世卿而專恣。'所引皆《公羊傳》文，而不及《穀梁》一字。惟勝言于《公》《穀》皆無所引。若韋、尹、蕭、劉，明引《公羊》，尚不足為《公羊》學之證。豈不引《穀梁》，轉足為《穀梁》學之證乎？然則《儒林傳》謂《公》《穀》二家爭論于武、宣之世者，直如捕風繫影而已。而成帝綏和元年立二王後，采梅福所上書，引《春秋》經曰：宋殺其大夫。《穀梁》曰：'其不稱名姓，以其在祖位，尊之也。'是為引《穀梁》之始，去河平三年劉歆始校書時，十八年矣。歆所偽造書已出故也。"案：《穀梁》之為古文，崔氏以史籍證之，甚確據也。復有可證者，《穀梁》傳中，多襲用《左氏》《毛傳》之說，（詳上）且有與《周禮》《爾雅》合者，並其明驗。莊八年經"治兵"，《穀梁》與《周禮》《左氏》《爾雅》同，《爾雅》"出曰治兵"，疏曰："《周禮》《左傳》《穀梁》與此皆同，惟《公羊》以治兵為祠兵。"其證一。莊廿五年《穀梁傳》曰："既戒鼓而駭衆"，亦與《周禮》說合。《周禮·大儀職》曰："始崩戒鼓。"與此傳"戒鼓"同（說詳下篇第一），其證二。它與《周禮》相同，見于《五經異義》，及先儒已證明者，例據尚多，不遑枚舉，皆"《穀梁傳》為古文學"之顯證。古文者，非西漢初年通行于世之學。兩《漢書》並以《穀梁》列于古文，其書雖間用《公羊》之說，亦必當以古文論之也。（劉師培《經學傳授攷》，亦以《穀梁》屬古文學）《穀梁》晚出于漢，（說詳第十）且用《左氏》"君子曰"之說，（見僖元年所引或曰，詳上）則當亦劉歆所偽造者。崔氏之說，非誣之也。其不得春秋之真傳，固于斯而益信矣。

第十　《穀梁》晚出于漢

[經]春，天王使南季來聘。(隱公九年)[傳]南，氏姓也。季，字也。聘諸侯，非正也。

[經]春，王正月，師次于郎，以俟陳人、蔡人。(桓公八年)[傳]善師者不陳，善陳者不戰，善戰者不死，善死者不亡。

[經]春，王正月，公敗齊師于長勺。(莊公十年)[傳]不日，疑戰也。疑戰而曰敗，勝內也。[注]疑戰者，言不剋日而戰，以詐相襲。

[經]冬，十有一月己巳朔，宋公及楚人戰于泓，宋師敗績。(僖公廿二年)[傳]倍則攻，敵則戰，少則守。……道之貴者時，其行，勢也。

[經]晉陽處父帥師伐楚救江。(文公三年)[傳]此伐楚。其言救江，何也？江遠楚近，伐楚所以救江也。

證曰：《穀梁》之亦為古文，本雜取傳記而造，則《穀梁》之書，必晚出于漢，此亦可證者也。桓譚《新論》曰："《左氏》傳世後百餘年，魯人穀梁赤為《春秋》，殘略多所遺失。"（《御覽·六百十》引）應劭《風俗通》曰："穀梁子名赤，子夏弟子。"糜信則以為"秦孝公同時人"。阮孝緒《七錄》則以為"名俶，字元始"。《漢書·藝文志》顏注云："名喜。"而《論衡·案書》篇又云"穀梁寘"。《四庫提要》曰："其傳則士勛《疏》稱：'穀梁子名俶，字元始，一名赤。受經于子夏，為經作傳。……則當為穀梁子所自作。徐彥《公羊疏》又稱公羊高五世相授，至胡毋生乃著竹帛，題其親師，故曰《公羊傳》。穀梁亦是著竹帛者，題其親師，故曰《穀梁傳》。則當為傳其學者所作。……但誰箸于竹帛，則不可攷耳。"據桓譚諸儒所云，穀梁一人而有四名，初只謂之魯人，漸為子夏弟子，漸而名號完具，此必傳聞揣測之詞。（如有所本，則六說中，必有一引據之者）其書誰箸之于竹帛，亦無可攷。則是為《穀梁》者，其主名莫知，其傳授莫詳。蓋必本無其傳，且或本無其人。是其所以為古文之學，雜取傳記以造者。其晚出于漢代，就其傳授可知者也。隱九年《穀梁》曰："南，氏姓也。"侯康《穀梁禮證》曰："氏以為姓，三代以下盡然，春秋時似未聞也。南季當是以姓為氏，非以氏為姓。""聘諸侯，非正也。"秦氏蕙田云："《穀梁》說于禮無據。"以氏為姓，在三代以下盡然，是《穀梁》之說，必出三代以下。《穀梁》多以"氏姓"連用；莊元年傳："不言氏姓，貶之也。"亦其證也。其說又多無據。證以其不知是之當讀為隄，（詳見第六）及其體例、文詞、義理，三者之疏謬，其採擷諸書，至于六七類，其非《春秋》之眞傳，固極可信。其晚出于漢代，就其傳說亦可知也。晁說之曰："《穀梁》晚出于漢。"（《景迂生集》卷十二《三傳說》）斯有其明驗矣。

僖廿二年傳曰："倍則攻，敵則戰，少則守。"劉申受難之曰："《春秋》惡戰之書，非言兵之書。""道之貴者時；其行，勢也。"楊士勛疏曰："老子，至道之人，猶曰：以正治國，以奇用兵。"劉申受難之曰："三代用師之意，孟子、荀卿傳之。《穀梁》以功利言道，蓋戰國之學也。"案：《穀梁》極憙言兵，近似兵家之學；莊八年傳曰："善陳者不戰，善戰者不死。"實與孔子"兵旅之事，未之學也"（《論語·衛靈公》）大相乖戾。莊十年傳曰："疑戰而曰敗，勝內也。"文三年傳曰："江遠楚近，伐楚所以救江也。"皆好功利之言，不惜以詐相襲。《公羊傳》曰：其言救江何？為諼（詐）也。

其為諼奈何？伐楚為救江也。則異于是。此其尊尚詐謀，而失《春秋》之義，謂曰戰國之學，固非虛加之也。（日本本田成之撰《春秋穀梁傳攷》亦謂："《穀梁》近于法家，其書成于秦漢。"）然謂其書成于漢代，固亦未嘗不可。或《穀梁》所雜取傳記，多出戰國之世，而其成書之時，則在西漢之末。此必可以無疑者也。

附記：《四庫全書總目‧陸賈新語提要》曰："《穀梁》傳至漢武帝時始出，而《道基》篇乃引《穀梁傳》曰：時代牴牾，其殆後人依託，非賈原本歟？"《提要》以《新語》引《穀梁》，而斷其為後人依託。鍾氏《補注》曰："《道基》之末引《穀梁傳》曰：'仁者以治親，義者以利尊。萬世不亂，仁義之所治也。'今傳中無此四語。蓋在《漢志》所稱《穀梁外傳》《穀梁章句》中而通謂之傳也。又第八篇至德之末論魯莊公事，而曰'故《春秋穀梁》'云云，今自梁字以下，皆缺不知何語。觀陸生兩引《穀梁》，則此傳信為周代書，並《外傳》《章句》之屬，有非晚出者矣。"（案：《新語》引用《穀梁傳》說，實凡四見。鍾氏《補註》所舉之外，別有兩處。一，《辯惑》篇論魯定公之時與齊侯會於頰谷，孔子行相事。與定十年《穀梁》說略同。二，《至德》篇論"魯莊公一年之中，以三時興築作之役，遣臧孫辰請於齊"。與莊廿八年、三十一年《穀梁傳》相合）嚴可均《鐵橋漫稿‧新語叙》曰："《穀梁傳》孝武時始立學官，非陸賈所預見。今此書《道基》篇引《穀梁傳》曰：'仁者以治親，義者以利尊。'乃是《穀梁》舊傳，故今傳無此文。因知瑕丘江公所受於魯申公者，其本復經改造，非穀梁赤之舊也。"鍾、嚴皆以《新語》非依託者。據今《新語》攷之，賈從《公羊》義者。《輔政》《無為》《至德》《懷慮》《明誠》諸篇，均述《公羊》誼。（用劉師培《春秋三傳先後攷》語）云"書鱄絕骨肉之親，棄大夫之位",(《公羊》作鱄,《穀梁》作專),尤破《穀梁》"專之去合乎《春秋》"之說;其不明引《公羊》,而轉徵引《穀梁》,其可疑一。且如崔觶甫說,韋賢、夏侯勝、蕭望之、劉向,皆習《穀梁》而晚於賈,所引皆《公羊》傳文,而不及《穀梁》一字;賈生于其前,反得徵引之,果又何耶?其可疑二。賈書《本行》篇曰:"案紀圖錄,以知性命,表定六藝,以口口口❶。""表定六藝",非賈所為,此本董君事,賈不當云此。其書實似為依託者。其可疑三。鍾氏之說,以傳為《外傳》或《章句》,自覺未安。如果賈書非偽,而不徵引《穀梁》,則嚴氏云:"其本復經改造,非穀梁赤之舊",說較可信。且與桓譚《新論》所云"殘略多所遺失"相合。或其書本非眞傳,在漢初又極寖微,"殘略多所遺失""其本復經改造"者,則未知其果若是也,其諸劉歆之所偽造者也?

❶ 原書如此。——編者註

下篇　《公》《穀》詳略異同證

　　《春秋》一經，借事明義，因事窮理，為之傳者，必當詳說其義，兼明其事者也。《穀梁》詳于禮制，略于大義；詳于瑣節，略于本事；其非傳《春秋》微言大義之學者，皦然易知。許桂林曰："《公羊》《穀梁》二傳，……其書彼詳此略，異同互存，似屬有意。"故就《公》《穀》詳略，參伍而比之，而其是非得失，亦足以察矣。鍾文烝曰："全傳十一卷，義最該密，而文或簡略，……是其好從簡略矣。然則內事如獲莒挐，敗鹹，叔肸卒，叔倪卒，至自頰谷；外事如滅夏陽，盟召陵，盟葵丘，殺里克，滅黃，戰泓，敗殽，殺陽處父，弒夷皋，殺泄冶，戰鞌，盟爰婁，梁山崩，宋災伯姬卒，殺慶封，宋、衛、陳、鄭災，弒買，唁乾侯，戰伯舉，入楚，歸脤，會黃池；此二十七傳者，何以述事獨詳？蓋作書時，意有所到，偶然詳之。或以當時習知其事，習聞其義，因備述于傳。如滅夏陽一條，則《戰國策》魏謂趙王論晉人伐虢之事，《春秋》罪虞之義，可相證也。"由是言之，《穀梁》之所詳者，不過二十餘傳，然如叔肸卒、叔倪卒、滅黃三傳，實非《穀梁》之長傳。滅夏陽，盟葵丘，戰泓，敗殽，殺陽處父，戰鞌，盟爰婁，宋災伯姬卒，戰伯舉，入楚；此十傳長短，與《公羊》相同；鍾氏之說，未可從以判詳略也。今別取《穀梁》述禮之十傳，與其所簡略者十餘傳，及鍾氏所舉之十餘傳，共四十傳，列而校之，《穀梁》之所詳略，乃可以竝見矣。爰贅數語，以補上篇。

第一　《穀梁》之詳于禮制

[經]九月，齊侯送姜氏于讙。（桓公三年）

[穀梁傳]禮：送女，父不下堂，母不出祭門，諸母兄弟不出闕門。父戒之曰："謹慎從爾舅之言。"母戒之曰："謹慎從爾姑之言。"諸母般申之曰："謹慎從爾父母之言。"送女踰竟，非禮也。

[公羊傳]何以書？譏。何譏爾？諸侯越竟送女，非禮也。此入國矣，何以不稱夫人？自我言齊，父母之于子，雖為鄰國夫人，猶曰吾姜氏。

證曰：《穀梁》此傳，與《儀禮》《士昏》《禮記》略同。彼曰："庶母及門內，施鞶，申以父母之命。命之曰：'敬恭聽，宗爾父母之言'。"此曰："諸母般申之曰。"脫一"施"字，則不類矣。其下夫人姜氏至自齊：《穀梁》曰："子貢曰：'冕而親迎，不已重乎？'"又襲用《禮記·哀公問》語。此所以《穀梁》詳于禮也。《公羊》此傳既較略矣，全傳亦無"父母送女戒命之詞"。

[經]秋，八月壬申，御廩災。乙亥嘗。（桓公十四年）

[穀梁傳]御廩之災不志，此其志何也？以為唯未易災之餘而嘗可也，志不敬也。天子親耕以共粢盛，王后親蠶以共祭服，國非無良農工女也，以為人之所盡，事其祖禰，不若以己所自親者也。何用見其未易災之餘而嘗也？曰：甸粟而內之三宮，三宮米而藏之御廩，夫嘗必有兼甸之事焉。壬申御廩災，乙亥嘗，以為未易災之餘

57

而嘗可也。

［公羊傳］御廩者何？粢盛委之所藏也。御廩災何以書？記災也。（乙亥嘗）常事不書，此何以書？譏。何譏爾？譏嘗也。曰：猶嘗乎？御廩災，不如勿嘗而已矣。

證曰：《穀梁》泛襲祭禮言之。《公羊》所不詳也。

［經］春，王三月，刻桓宮桷。（莊公二十四年）

［穀梁傳］禮：天子之桷，斲之礱之，加密石焉。諸侯之桷，斲之礱之。大夫斲之；士斲本。刻桷，非正也。夫人所以崇宗廟也，取非禮與非正而加之于宗廟，以飾夫人，非正也。刻桓宮桷，丹桓宮楹，斥言桓宮，以惡莊也。

［公羊傳］何以書？譏。何譏爾？刻桓宮桷，非禮也。

證曰："士斲本"以上，與《國語·晉語八》張老對趙文子略同。彼曰："天子之室，斲其椽而礱之，加密石焉。諸侯礱之，大夫斲之，士首之。備其物，義也。從其等，禮也。"《尚書大傳》卷二曰："其桷，天子斲其材而礱之，加密石焉。大夫達棱，士首本，庶人到加。"其詞亦加詳。蓋《穀梁》節取之以為說也。《公羊》惟何休《註》乃有此說。傳《春秋》者，傳其微言大義，固不必詳于禮也。

［經］六月辛未朔，日有食之，鼓用牲于社。（莊公二十五年）

［穀梁傳］言日言朔，食正朔也。鼓，禮也；用牲，非禮也。天子救日，置五麾，陳五兵五鼓。諸侯置三麾，陳三鼓三兵。大夫擊門。士擊柝。言充其陽也。

［公羊傳］日食則曷為鼓用牲于社？求乎陰之道也。以朱絲營社。或曰："脅之"。或曰："為闇"。恐人犯之，故營之。

證曰：《禮記·曾子問》篇孔子曰："如諸侯皆在而日食，則從天子救日,各以其方色與其兵。"《周禮·鼓人》救日月。傳並與合。下"秋大水"傳云:"旣戒鼓而駭衆。"(詳見上篇第二)"戒"即擊鼓之名,字亦作"馘"。《周官·大司馬職》"彭皆馘",鄭注曰:"疾雷擊鼓曰馘"。是其義也。《周官·大儀職》曰:"始崩戒鼓",與此傳同。則《穀梁》用《周禮》說也。《公羊》于鼓爲禮之說不詳,亦未言戒鼓而駭衆。

[經]三月,作丘甲。(成公元年)

[穀梁傳]作,爲也。丘爲甲也。丘甲,國之事也;丘作甲,非正也。丘作甲之爲非正何也?古者立國家,百官具,農工皆有職以事其上。古者有四民:有士民,有商民,有農民,有工民。夫甲,非人人之所能爲也。丘作甲,非正也。

[公羊傳]何以書?譏。何譏爾?譏始丘使也。

證曰:"四民"之說,本于《管子》。(此惠棟說)《公羊》所不詳也。

[經]大饑。(襄公二十四年)

[穀梁傳]五穀不升爲大饑。一穀不升謂之嗛,二穀不升謂之饑,三穀不升謂之饉,四穀不升謂之康,五穀不升謂之大侵。大侵之禮:君,食不兼味;臺榭不塗,弛侯,廷道不除;百百布而不制,鬼神禱而不祀;此大侵之禮也。

[公羊傳](無說)

證曰:王應麟曰:"《穀梁》言大侵之禮與《毛詩·雲漢傳》略同。"案:《小雅·雲漢傳》曰:"歲凶年穀不登,則趣馬不秣;師氏弛其兵,馳道不除;祭祀不縣,膳夫徹膳;左右布而不脩,大夫不食粱,士飲酒不樂。"《正義》曰:"此當先有成文,故傳引之。"《穀梁》以大侵釋大饑,或本之成文,或取之《毛傳》。《毛傳》于禮加詳，非取之《穀梁》也。《韓詩外傳》卷八，則幾全同於此。《外傳》"康"作"荒"，"布"作"補"，今古之別。或《穀梁》與《外傳》同出一源也。《公羊》于大饑則全傳無說，亦所不必詳也。

[經] 秋蒐于紅。(昭公八年)

[穀梁傳] 正也，因蒐狩以習用武事，禮之大者也。艾蘭以為防，置旃以為轅門，以葛覆質以為槷；流旁握，御轚者不得入。車軌塵，馬候蹄，揜禽旅；御者不失其馳，然後射者能中。過防弗逐，不從奔之道也。面傷不獻，不成禽不獻。禽雖多，天子取三十焉；其餘與士眾，以習射于射宮。射而中，田不得禽則得禽；田得禽而射不中，則不得禽。是以知古之貴仁義而賤勇力也。

[公羊傳] 蒐者何？簡車徒也。何以書？蓋以罕書也。

證曰：王應麟曰："《穀梁》……言蒐狩之禮與《毛詩·車攻傳》相合。"侯康曰："《書傳》《詩傳》，俱有其文。"案：《小雅·車攻傳》曰："田者，大芟草以為防，或舍其中褐纏旃以為門，裘纏質以為槷。閒容握，驅而入，轚則不得入。左者之左，右者之右，然後焚而射焉。"《毛傳》又曰："面傷不獻，踐毛不獻，不成禽不獻。禽雖多，擇取三十焉。其餘以與大夫、士，以習射于澤宮。田雖得禽，射不中不得取禽；田雖不得禽，射中則得取禽。古者以辭讓取，不以勇力取。"《正義》曰："此有成文。《書傳》《穀梁傳》與此略同。"《尚書大傳》卷四亦略說此。《穀梁》無褐纏旃等語，而其文字則較明晰，或本之成文，或取之《毛傳》，非《毛傳》取之《穀梁》也。《公羊》于蒐狩之禮亦無說，蓋傳所不必詳也。

[經] 戊辰公即位。(定公元年)

[穀梁傳] 殯然後即位也。定無正，見無以正也。踰年不言即位，是有故公也；言即位，是無故公也。即位，授受之道也。先君

無正終，則後君無正始也；先君有正終，則後君有正始也。戊辰公即位，謹之也。定之即位，不可不察也。公即位何以日也？戊辰之日，然後即位也。癸亥公之喪至自乾侯，何為戊辰之日然後即位也？正君乎國，然後即位也。沈子曰：正棺乎兩楹之間，然後即位也。內之大事日；即位，君之大事也；其不日何也？以年決者，不以日決也。此則其日何也？著之也。何著焉？踰年即位，厲也。于厲之中，又有義焉。未殯，雖有天子之命，猶不敢；況臨諸臣乎？周人有喪，魯人有喪，周人弔，魯人不弔。周人曰："固吾臣也，使人可也。"魯人曰："吾君也；親之可也，使大夫則不可也。"故周人弔，魯人不弔，以其下成康為未遠也。君至尊也，去父之殯而往弔，猶不敢；況未殯而臨諸臣乎？

［公羊傳］癸亥公之喪至自乾侯，則曷為以戊辰之日然後即位？正棺于兩楹之間，然後即位。子沈子曰：定君乎國，然後即位。即位不日，此何以日？錄乎內也。

證曰：此論即位，詳于《公羊》。其說魯事，當有成文。今不可攷耳。

［經］九月大雩。（定公元年）

［穀梁傳］雩月，雩之正也；秋大雩，非正也；冬大雩，非正也。秋大雩之為非正何也？毛澤未盡，人力未竭，未可以雩也。雩月，雩之正也。月之為雩之正，何也？其時窮人力盡，然後雩，雩之正也。何謂其時窮人力盡？是月不雨，則無及矣！是年不艾，則無食矣！是謂其時窮人力盡也。雩之必待其時，窮人力盡何也？雩者，為旱求者也。求者，請也。古之人重請。何重乎請？人之所以為人者，讓也。請道去讓也。則是舍其所以為人也，是以重之。焉請哉？請乎應上公。古之神人有應上公者，通乎陰陽，君親帥諸大

夫道之而以請焉。夫請者，非可詒託而往也。必親之者也，是以重之。

[公羊傳]（無傳）

證曰：此說應上公，傳聞之說也。當有成文。無關大義，故《公羊》不詳。

[經] 鼷鼠食郊牛角，改卜牛。夏，四月辛巳，郊。（哀公元年）

[穀梁傳] 此該郊之變而道之也；于變之中，又有言焉。鼷鼠食郊牛角，改卜牛。志不敬也。郊牛日，展斛角而知傷，展道盡矣。郊自正月至于三月，郊之時也。夏四月郊，不時也；五月郊，不時也。夏之始可以承春；以秋之末，承春之始，蓋不可矣。九月用郊，用者不宜用者也。郊：三卜，禮也；四卜，非禮也；五卜，強也。卜免牲者，吉則免之，不吉則否。牛傷不言傷之者，傷自牛作也，故其辭緩。全曰牲，傷曰牛，未牲曰牛。其牛一也，其所以為牛者異；有變而不郊，故卜免牛也。已牛矣，其尚卜免之何也？禮與其亡也寧有。嘗置之上帝矣！故卜而後免之，不敢專也。卜之不吉，則如之何不免？安置之，繫而待六月上甲，始庀牲，然後左右之。子之所言者，牲之變也，而曰我一該郊之變而道之何也？我以六月上甲始庀牲，十月上甲始繫牲，十一月、十二月牲雖有變，不道也。待正月然後言牲之變，此乃所以該郊。郊，享道也。貴其時，大其禮，其養牲雖小不備可也。子不志三月卜郊何也？郊自正月至于三月，郊之時也。我以十二月下辛，卜正月上辛；如不從，則以正月下辛，卜二月上辛；如不從，則以二月下辛，卜三月上辛；如不從，則不郊矣。

[公羊傳]（無傳）

證曰：郊祭之禮，《公羊》于僖三十一年"夏，四月，四卜郊"

說之，亦不及《穀梁》此傳之詳。《公羊》說"魯郊何以非禮"；此惟詳于"養牲"與"卜郊"，未能見其大也。

....

證曰：《春秋》明義，非以明禮，《穀梁》雖詳之，無關宏旨也。《廢疾申何》曰："鄭君以《穀梁》精于禮，禮本于婚，婚禮不稱主人，且無傳焉。若求其精，安能知之。"《穀梁》詳于禮，而不精于禮，則是本雜取傳記以造，非得《春秋》明義之真傳者也。此詳于禮之十傳，大氐俱本有成文，今不可攷者，三四傳而已。

第二 《穀梁》之詳于瑣節

[經] 冬，十月壬午，公子友帥師敗莒師于酈，獲莒挐。（僖公元年）

[穀梁傳] 莒無大夫，其曰莒挐何也？以吾獲之，目之也。內不言獲，此其言獲何也？惡公子友之紿。紿者奈何？公子友謂莒挐曰："吾二人不相說，士卒何罪？"屏左右而相搏。公子友處下。左右曰："孟勞。"孟勞者，魯之寶刀也，公子友以殺之。然則何以惡乎紿也？曰：棄師之道也。

[公羊傳] 莒挐者何？莒大夫也。莒無大夫，此何以書？大季子之獲也。何大乎季子之獲？季子治內難以正，禦外難以正。其禦外難以正奈何？公子慶父弒閔公，走而之莒。莒人逐之，將由乎齊；齊人不納，卻反舍于汶水之上。使公子奚斯入請。季子曰："公子不可以入，入則殺矣！"奚斯不忍反命于慶父，自南涘北面而哭。慶父聞之曰："嘻！此奚斯之聲也，諾。"已曰："吾不得入矣！"于是抗輈經而死。莒人聞之曰："吾已得子之賊矣！"以求賂乎魯。魯人不

與，為是興師而伐魯。季子待之以偏戰。

證曰：廖《疏》曰："《公羊》以此獲為大季子，傳以為惡紿。《公羊》就本事言之，傳則專就相搏一節立說。公羊言其大體，本傳說其細節，二者相合，其義乃足。"《穀梁》此傳，雖略於《公羊》，獨好詳其瑣事。不關大體，廖說足證。傳《春秋》微言大義之學者，不當如是也。

[經] 晉殺其大夫里克。(僖公十年)

[穀梁傳] 稱國以殺，罪累上也。里克弒二君與一大夫，其以累上之辭言之，何也？其殺之不以其罪也。其殺之不以其罪奈何？里克所為弒者，為重耳也。夷吾曰："是又將殺我乎？"故殺之不以其罪也。其為重耳弒奈何？晉獻公伐虢，得麗姬，獻公私之。有二子，長曰奚齊，稚曰卓子。麗姬欲為亂，故謂君曰："吾夜者夢夫人趨而來，曰：'吾苦畏。'胡不使大夫將衛士而衛冢乎？"公曰："孰可使？"曰："臣莫尊于世子，則世子可。"故君謂世子曰："麗姬夢夫人趨而來，曰：'吾苦畏'。女其將衛士而往衛冢乎？"世子曰："敬諾。"築宮，宮成。麗姬又曰："吾夜者夢夫人趨而來，曰：'吾苦飢。'世子之宮已成，則何為不使祠也？"故獻公謂世子曰："其祠！"世子祠。已祠，致福于君，君田而不在。麗姬以酖為酒，藥脯以毒。獻公田來，麗姬曰："世子已祠，故致福于君。"君將食。麗姬跪曰："食自外來者，不可不試也。"覆酒于地，而地賁；以脯與犬，犬死。麗姬下堂而啼，呼曰："天乎天乎！國子之國也！子何遲于為君！"君喟然歎曰："吾與女未有過切，是何與（仇）我之深也！"使人謂世子曰："爾其圖之！"世子之傅里克謂世子曰："入自明，入自明則可以生，不入自明則不可以生。"世子曰："吾君已老矣！已昏矣！吾若此而入自明，明則麗姬必死；麗姬死則吾君不安。

所以使吾君不安者，吾不若自死；吾寧自殺以安吾君，以重耳為寄矣！"刎脰而死。故里克所為弒者，為重耳也。夷吾曰："是又將殺我也。"

[公羊傳] 里克弒二君，則曷為不以討賊之辭言之？惠公之大夫也。然則孰立惠公？里克也。里克弒奚齊、卓子，逆惠公而入。里克立惠公，則惠公曷為殺之？惠公曰："爾既殺夫二孺子矣！又將圖寡人；為爾君者，不亦病乎？"于是殺之。然則曷為不言惠公之入？晉之不言出入者，踊（豫）為文公諱也。

證曰：《穀梁》此傳詳于《公羊》，亦瑣事也。此蓋雜取《國語》《左氏》諸書而為之者，《國語·晉語二》說此亦詳也。（文過繁，不具引）《公羊》略于麗姬事，于荀息之死難乃獨詳之，（僖十）能見其大也。

[經] 冬，十月甲午，叔孫得臣敗狄于鹹。（文公十一年）

[穀梁傳] 不言帥師而言敗，何也？直敗一人之辭也。一人而曰敗，何也？以眾焉言之也。傳曰："長狄也，弟兄三人"，佚宕中國，瓦石不能害。叔孫得臣，最善射者也；射其目，身橫九畝。斷其首而載之，眉見于軾。然則何為不言獲也？曰：古者不重創，不禽二毛，故不言獲，為內諱也。"其之齊者，王子成父殺之，則未知其之晉者也。"

[公羊傳] 狄者何？長狄也。兄弟三人，一者之齊，一者之魯，一者之晉。其之齊者，王子成父殺之。其之魯者，叔孫得臣殺之。則未知其之晉者也。其言敗者，大之也。其日何？大之也。其地何？大之也。何以書？記異也。

證曰："身橫九畝"，"眉見于軾"，亦瑣節也。《穀梁》詳之。何君註曰："蓋長百尺；之三國，欲為君。"此據《關中記》《攷異郵》。（據徐彥疏）《公羊》獨略之者，以其無關大旨也。《穀梁》蓋得之傳聞而增飾者也。"則未知其之晉者也"，明為《公羊》句法。襲之《公羊》也。

［經］陳殺其大夫泄冶。（宣公九年）

［穀梁傳］稱國以殺其大夫，殺無罪也。泄冶之無罪如何？陳靈公通于夏徵舒之家，公孫寧、儀行父亦通于其家，或衣其衣，或衷其襦，以相戲于朝。泄冶聞之，入諫曰："使國人聞之則猶可，使仁人聞之則不可。"君愧于泄冶，不能用其言而殺之。

［公羊傳］（無傳）

證曰：此亦瑣節，《公羊》無說。

［經］梁山崩。（成公五年）

［穀梁傳］不日，何也？高者有崩道也。有崩道則何以書也？曰：梁山崩，壅遏河三日不流，晉君召伯尊而問焉。伯尊來，遇輦者，輦者不辟，使車右下而鞭之。輦者曰："所以鞭我者，其取道遠矣！"伯尊下車而問焉。曰："子有聞乎？"對曰："梁山崩，壅遏河三日不流。"伯尊曰："君為此召我也，為之奈何？"輦者曰："天有山，天崩之；天有河，天壅之；雖召伯尊，如之何？"伯尊由忠問焉。輦者曰："君親素縞，帥群臣而哭之，既而祠焉，斯流矣。"伯尊至，君問之曰："梁山崩，壅遏河三日不流，為之奈何？"伯尊曰："君親素縞，帥群臣而哭之，既而祠焉，斯流矣。"孔子聞之曰："伯尊其無績乎！攘善也。"

［公羊傳］梁山者何？河上之山也。梁山崩何以書，記異也。何異爾？大也。何大爾？梁山崩，壅河三日不流。外異不書，此何以書，為天下記異也。

證曰：《韓詩外傳》卷八亦有此文。《外傳》曰："梁山崩，晉君召大夫伯宗，道逢輦者，以其輦服其道。伯宗使其右下，欲鞭之。輦者曰：'君趨道豈不遠矣！不知事而行可乎？'伯宗喜，問其居。曰：'絳人也。'伯宗曰：'子亦有聞乎？'曰：'梁山崩，壅河顧三日不流，是以召子。'伯宗曰：'如之何？'曰：'天有山，天崩之；天有河，天壅之；伯宗將如之何？'伯宗私問之，曰：'君其率羣臣素服而哭之，既而祠焉，斯流矣！'伯宗問其姓名，弗告。……"《外傳》"以其輦服其道"諸句，不及《穀梁》傳文之詳明，其曰"絳人也"，當別有所本，非襲之《穀梁》。此或本有成文，或《穀梁》襲《外傳》，非《外傳》之襲《穀梁》也。《穀梁》引用之而不釋經，貪于瑣事，忘其本矣！辨見前。

[經] 秋，七月，楚子、蔡侯、陳侯、許男、頓子、胡子、沈子、淮夷伐吳，執齊慶封殺之。(昭公四年)

[穀梁傳] 此入而殺，其不言入何也？慶封封乎吳鍾離。其不言伐鍾離何也？不與吳封也。慶封其以齊氏何也？為齊討也。靈王使人以慶封令于軍中曰："有若齊慶封弒其君者乎？"慶封曰："子一息，我亦且一言。"曰："有若楚公子圍弒其兄之子而代之為君者乎？"軍人粲然皆笑。慶封弒其君而不以弒君之罪罪之者，慶封不為靈王服也。不與楚討也。《春秋》之義，用貴治賤，用賢治不肖，不以亂治亂也。孔子曰："懷惡而討，雖死不服。"其斯之謂與！

[公羊傳] 此伐吳也，其言執齊慶封何？為齊誅也。其為齊誅奈何？慶封走之吳，吳封之于防。然則曷為不言伐防？不與諸侯專封也。慶封之罪何？脅齊君而亂齊國也。

證曰：慶父脅齊君而亂齊國，本國不能誅，中夏不能討；楚以蠻夷誅以行霸；雖云懷惡，聖人不逆詐，不億不信，故猶以義與之也。(孔廣森說)《穀梁》貪記瑣事，誤引《公羊》之說，託之孔子，于義乖矣。

［經］夏，五月壬午，宋、衛、陳、鄭災。（昭公十八年）

［穀梁傳］其志，以同日也。其日，亦以同日也，或曰："人有謂鄭子產曰：'某日有災？'子產曰：'天者神，子惡知之？'是人也，同日為四國災也。"

［公羊傳］何以書？記異也。何異爾？異其同日而俱災也。外異不書，此何以書？為天下記異也。

證曰：《穀梁》此傳，襲之《左氏》。（已詳上篇第八）不言記異，而言瑣事，非也。

［經］夏公會齊侯于頰谷，公至自頰谷。（定公十年）

［穀梁傳］離會不致。何為致也？危之也，危之則以地致，何也？為危之也。其危奈何？曰：頰谷之會，孔子相焉，兩君就壇，兩相相揖，齊人鼓譟而起，欲以執魯君，孔子歷階而上，不盡一等，而視歸乎齊侯，曰："兩君合好，夷狄之民，何為來為？"命司馬止之。齊侯逡巡而謝曰："寡人之過也。"退而屬其二三大夫曰："夫人率其君與之行古人之道，二三子獨率我而入夷狄之俗，何為？"罷會，齊人使優施舞於魯君之幕下。孔子曰："笑君者罪當死。"使司馬行法焉，首足異門而出。齊人來歸鄆、讙、龜、陰之田者，蓋為此也。因是以見雖有文事，必有武備，孔子于頰谷之會見之矣。

［公羊傳］（無傳）

證曰：陸賈《新語》載此事曰："魯定公之時，與齊侯會于夾谷，孔子行相事；兩君升壇，兩相處下，兩相欲揖，君臣之禮，濟濟備焉。齊人鼓噪而起，欲執魯公，孔子歷階而上，不盡一等而立。謂齊侯曰：'兩君合好，以禮相率，以樂相化。臣聞嘉樂不野合，犧象之薦不下堂，夷狄之民何求為？'命司馬請止之。定公曰：'諾。'

齊侯逡巡而避席曰：'寡人之過。'退而自責大夫。罷會，齊人使優旃僸僼于魯公之幕下，傲戲，欲候魯君之隙，以執定公。孔子嘆曰：'君辱臣當死。'使司馬行法斬焉，首足異門而出。"《新語》嘉樂二句，襲用《左氏》傳文。餘皆襲用《穀梁》，無出《穀梁》右者。（文雖加詳，事不加詳，且多不合文法。）此亦瑣節，其事已甚，非也。故《公羊》略之也。

[經] 天王使石尚來歸脤。（定公十四年）

[穀梁傳] 脤者，何也？俎實也，祭肉也。生曰脤，熟曰膰。其辭，石尚，士也。何以知其士也？天子之大夫不名。石尚欲書《春秋》。諫曰："久矣！周之不行禮于魯也。請行脤。"貴復正也。

[公羊傳] 石尚者何？天子之士也。脤者何？俎實也。腥曰脤，熟曰燔。

證曰：石尚欲書《春秋》，事之不必然者。劉原父曰："不知石尚欲書孔子之《春秋》乎？魯國之《春秋》乎？若孔子之《春秋》也，孔子是時未作《春秋》，石尚安得書？如魯國之《春秋》，王人至則書之矣，何足以為榮耶？是殆不然。"王應麟曰："石尚欲書《春秋》，曾是以為禮乎？"《穀梁》好言瑣事，不知其非是也。

[經] 公會晉侯及吳子于黃池。（哀公十三年）

[穀梁傳] 黃池之會，吳子進乎哉！遂子矣。吳，夷狄之國也，祝髮文身，欲因魯之禮，因晉之權，而請冠端，而襲其藉于成周，以尊天王。吳進矣。吳，東方之大國也，累累致小國，以會諸侯，以合乎中國。吳能為之，則不臣乎！吳進矣。王，尊稱也，辭尊稱而居卑稱，以會乎諸侯，以尊天王。吳王夫差曰："好冠來。"孔子曰："大矣哉？夫差未能言冠，而欲冠也。"

[公羊傳] 吳何以稱子？吳主會也。吳主會則曷為先言晉侯。不

與夷狄之主中國也。其言及吳子何？會兩伯之辭也。不與夷狄之主中國，則曷為以會兩伯之辭言之？重吳也。曷為重吳？吳在是則天下諸侯莫敢不至也。

　　證曰：不與夷狄之主中國，《公羊》所傳之大義也。《穀梁》言"好冠來"，則于經意無關。《春秋復始》曰："《國語》：晉人不能與吳人爭先，故今改吳王稱吳公以易之。穀梁氏襲《國語》而失其本旨爾。區區一冠，何繫輕重，而貶王稱子以求之乎？"（十四）其說是也。

　　………

　　證曰：《穀梁》述事，惟此十傳略詳于《公羊》。餘如：滅夏陽等十傳，大氐略同《公羊》。他則並不詳矣。故就其詳略之迹言之，《穀梁》于禮制瑣節獨多，則其不重于《春秋》之大義，《春秋》之本事可知。為經作傳者，必不當如是也。其所詳之瑣節，亦多本有成文，今不可攷者，亦只二三傳。《穀梁》不得《春秋》真傳，本雜取傳記以造者，此可知矣。

第三　《穀梁》之略于大義

［經］癸未，葬宋繆公。（隱公三年）

［穀梁傳］日葬，故也，危不得葬也。

［公羊傳］葬者曷為或日，或不日？不及時而日，渴葬也；不及時而不日，慢葬也。過時而日，隱之也；過時而不日，謂之不能葬也。當時而不日，正也。當時而日，危不得葬也。此當時何危爾？宣公謂繆公曰："以吾愛與夷，則不若愛女；以為社稷宗廟主，則與

夷不若女；盍終為君矣！"宣公死，繆公立，繆公逐其二子莊公馮與左師勃。曰："爾為吾子，生毋相見，死毋相哭。"與夷復曰："先君之所為不與臣國，而納國乎君者，以君可以為社稷宗廟主也。今君逐君之二子，而將致國乎與夷，此非先君之意也。且使子而可逐，則先君其逐臣矣。"繆公曰："先君之不爾逐可知矣！吾立乎此，攝也。"終致國乎與夷，莊公馮弒與夷。故君子大居正，宋之禍，宣公為之也。

證曰：此傳慎微之義，其說已見上篇。（第五）戴子高《論語註》曰："人苟志于仁，君子不忍加惡。宋宣公兄弟相讓，雖不居正，而《春秋》成其善志，故于與夷之弒，移之宋督而不以馮。以此。"《穀梁》略其事，並略其義矣。

[經] 九月，宋人執鄭祭仲。突歸于鄭。（桓公十一年）

[穀梁傳] 宋人者，宋公也。其曰人何也？貶之也。曰突，賤之也。曰歸，易辭也。祭仲易其事，權在祭仲也，死君難，臣道也。今立惡而黜正，惡祭仲也。

[公羊傳] 祭仲者何？鄭相也。何以不名？賢也。何賢乎祭仲？以為知權也。其為知權奈何？古者鄭國處于留。先，鄭伯有善于鄶公者，通乎夫人以取其國，而遷鄭焉而野留。莊公死已葬，祭仲將往省于留；塗出于宋，宋人執之，謂之曰："為我出忽而立突。"祭仲不從其言，則君必死，國必亡。從其言，則君可以生易死，國可以存易亡。少遼緩之，則突可故出，而忽可故反，是不可得則病，然後有鄭國。古人之有權者，祭仲之權是也。權者何？權者反于經然後有善者也。權之所設，舍死亡無所設。行權有道，自貶損以行權，不害人以行權；殺人以自生，亡人以自存，君子不為也。突何以名？挈乎祭仲也。其言歸何？順祭仲也。

證曰：《公羊》此傳，闡明行權，孔巽軒《公羊通義》、陳卓人《公羊義疏》，說之極詳，可以釋疑。（茲不具引。）《穀梁》全傳，無許人以行權者，不傳此義也。辨見上篇。

[經] 紀侯大去其國。(莊公四年)

[穀梁傳] 大去者，不遺一人之辭也。言民之從者四年而後畢也。紀侯賢而齊侯滅之，不言滅而曰大去其國者，不使小人加乎君子。

[公羊傳] 大去者何？滅也。孰滅之？齊滅之。曷為不言齊滅之？為襄公諱也。《春秋》為賢者諱，何賢乎襄公？復讎也。何讎爾？遠祖也。哀公亨乎周，紀侯譖之。以襄公之為于此焉者，事祖禰之心盡矣。盡者何？襄公將復讎乎紀，卜之，曰："師喪分焉。""寡人死之，不為不吉也。"遠祖者幾世乎？九世矣。九世猶可以復讎乎？雖百世可也。家亦可乎？曰：不可。國何以可？國君一體也。先君之恥，猶今君之恥也；今君之恥，猶先君之恥也。國君何以為一體？國君以國為體，諸侯世故國君為一體也。今紀無罪，此非怒與？曰：非也。古者有明天子，則紀侯必誅，必無紀者。紀侯之不誅，至今有紀者，猶無明天子也。古者諸侯必有會聚之事，相朝聘之道，號辭必稱先君以相接，然則齊、紀無說焉。不可以並立乎天下。故將去紀侯者，不得不去紀也。有明天子則襄公得為若行乎？曰：不得也。不得則襄公曷為為之？上無天子，下無方伯，緣恩疾者可也。

證曰：《公羊》假襄公以明復讎之義，《穀梁》略之，則其義不能詳矣。朱子序《戊午讜議》曰："有天下者，承萬世無疆之統，則亦有萬世無疆之仇。吁！何止百世哉！"《穀梁》不傳此，則是謂國可以無恥也。非《春秋》義。且與經違，崔觶甫曰："穀梁氏曰：

'大去者，不遺一人之辭也。言民之從者，四年而後畢也。'皆言紀侯不死，民皆從之而去。不知紀已無國，君民去將何之。為不通也。不然，伯姬何以不葬，而待齊侯葬之？叔姬何以不從紀侯，而歸于酅耶？"《穀梁》傳義，實難通也。

［經］秋，七月癸巳，公子牙卒。（莊公十三年）

［穀梁傳］（無傳）

［公羊傳］何以不稱弟？殺也。殺則曷為不言刺？為季子諱殺也。曷為為季子諱殺？季子之遏惡也，不以為國獄，緣季子之心而為之諱。季子之遏惡奈何？莊公病將死，以病召季子，季子至而授之以國政。曰："寡人即不起此病，吾將焉致乎魯國？"季子曰："般也存，君何憂焉。"公曰："庸得若是乎？牙謂我曰：'魯一生一及，君已知之矣！'慶父也存。"季子曰："夫何敢！是將為亂乎？夫何敢！"俄而牙弒械成，季子和藥而飲之。曰："公子從吾言而飲此，則必可以無為天下戮笑，必有後乎魯國；不從吾言而不飲此，則必為天下戮笑，必無後乎魯國。"于是從其言而飲之，飲之無傫氏，至乎王堤而死。公子牙今將爾，辭曷為與親弒者同？君親無將，將而誅焉。然則善之與？曰：然。殺世子母弟直稱君者，甚之也。季子殺母兄，何善爾？誅不得辟兄，君臣之義也。然則曷為不直誅而酖之？行誅乎兄，隱而逃之，使託若以疾死然，親親之道也。

證曰："君親無將，將而誅焉。"此《春秋》大義也。《穀梁》不傳此義，并其事而沒之，此當有傳而不為傳之例。《穀梁》云："大夫日卒，正也。"（隱元年傳）所以沒其事也。

［經］齊師、宋師、曹師次于聶北，救邢。（僖公元年）

［穀梁傳］救不言次，言次非救也。非救而曰救，何也？遂齊侯之意也。是齊侯與？齊侯也。何用見其是齊侯也？曹無師，曹師者，

曹伯也。其不言曹伯何也？以其不言齊侯，不可言曹伯也。其不言齊侯何也？以其不足乎揚，不言齊侯也。

［公羊傳］救不言次，此其言次何？不及事也。不及事者何？邢已亡矣。孰亡之？蓋狄亡之。曷為不言狄滅之？為桓公諱也。曷為為桓公諱？上無天子，下無方伯，天下諸侯有相滅亡者，桓公不能救，則桓公恥之。曷為先言次而後言救？君也。君則其稱師何？不與諸侯專封也。曷為不與？實與，而文不與。文曷為不與？諸侯之義，不得專封也。諸侯之義，不得專封，則其曰實與之何？上無天子，下無方伯，天下諸侯有相滅亡者，力能救之，則救之可也。

證曰：《穀梁》不為文實之別，而謂齊侯不足乎揚，無勸善之心，非《春秋》教也。蕭楚曰："齊桓存三亡國，封衛之功，尤為彰著。衛人欲厚報之，至形于篇詠，……觀《木瓜》之什，列于《國風》，則是聖人亦以為善矣。于《春秋》獨沒其事，何也？夫存亡繼絕，建邦開國，所謂作天下之福，王人秉此，以懷人心，以永天命，不可失者也。君子不書于經，俾讀《春秋》者，如無其事焉，所以示王道之存也。……王天下者，大柄有二：曰威，曰福。二柄舉則天下治矣；一有失焉，不以淪亡，則以敗亂。……何謂福，恩惠是也。……恩惠之事，諸侯擅之，雖未足以傾周，皆削而不書，冀後之君子，觀其所書，而知天下之所以亂，索其所不書，而知王之所以存。莊子曰：'《春秋》經世，先王之志，聖人議而不辯。'此之謂也。"此《春秋》所以有文實之義，《穀梁》固不傳之。

［經］公子遂如齊納幣。（文公三年）

［穀梁傳］（無傳）

［公羊傳］納幣不書，此何以書？譏。何譏爾？譏喪娶也。娶在三年之外，則何譏乎喪娶？三年之內不圖婚。吉禘于莊公譏。然則

曷為不于祭焉譏？三年之恩疾矣，非虛加之也，以人心為皆有之。以人心為皆有之，則曷為獨于娶焉譏？娶者，大吉也，非常吉也，其為吉者主于己。以為有人心焉者，則宜于此焉變矣。

證曰：譏喪娶之義，《穀梁》無明文。則不合孔子仁孝之意。孔子三年喪服之制，惟《公羊》傳之，《左氏》且以喪中圖婚為合禮矣。

[經] 夏，五月，宋人及楚人平。（宣公十五年）

[穀梁傳] 平者成也，善其量力而反義也。人者，衆辭也。平稱衆，上下欲之也。外平不道，以吾人之存焉道之也。

[公羊傳] 外平不書，此何以書？大其平乎己也。何大乎其平乎己？莊王圍宋，軍有七日之糧爾。盡此不勝，將去而歸爾。于是使司馬子反乘堙而闚宋城，宋華元亦乘堙而出見之。司馬子反曰："子之國何如？"華元曰："憊矣！"曰："何如？"曰："易子而食之，析骸而炊之。"司馬子反曰："嘻！甚矣憊！雖然，吾聞之也，圍者柑馬而秣之，使肥者應客，是何子之情也？"華元曰："吾聞之，君子見人之厄則矜之，小人見人之厄則幸之，吾見子之君子也，是以告情于子也。"司馬子反曰："諾，勉之矣！吾軍亦有七日之糧爾，盡此不勝，將去而歸爾。"揖而去之，反于莊王。莊王曰："何如？"司馬子反曰："憊矣！"曰："何如？"曰："易子而食之，析骸而炊之。"莊王曰："嘻！甚矣憊！雖然，吾今取此然後而歸爾。"司馬子反曰："不可，臣已告之矣，軍有七日之糧爾。"莊王怒曰："吾使子往視之，子曷為告之？"司馬子反曰："以區區之宋，猶有不欺人之臣，可以楚而無乎？是以告之也。"莊王曰："諾。舍而止。雖然，吾猶取此然後歸爾。"司馬子反曰："然則君請處于此，臣請歸爾。"莊王曰："子去我而歸，吾孰與處于此，吾亦從子而歸爾。"引師而

去之。故君子大其平乎己也。此皆大夫也，其稱人何？貶。曷為貶？平在下者也。

證曰：此平稱人，猶有貶意。二子非出竟，故不許其權。《穀梁》于事義則并略。《春秋復始》曰："穀梁氏曰：'外平不道，以吾人之存焉道之也。'以此節上承'公孫歸父會楚子于宋'而言，然則公孫歸父不會楚子于宋，則此平不書于《春秋》，大其平乎己之精義沒焉。不成人之美如此。"（卷廿八）

［經］夏，曹公孫會自夢出奔宋。（昭公二十年）

［穀梁傳］自夢者，專乎夢也。曹無大夫，其曰公孫何也？言其以貴取之，而不以叛也。

［公羊傳］奔未有言自者，此其言自何？畔也。畔則曷為不言其叛？為公子喜時之後諱也。《春秋》為賢者諱。何賢乎公子喜時？讓國也。其讓國奈何？曹伯廬卒于師，則未知公子喜時從與？公子負芻從與？或為主于國，或為主于師；公子喜時見公子負芻之當主也，逡巡而退。賢公子喜時則曷為為會諱？君子之善善也長，惡惡也短；惡惡止其身，善善及子孫；故君子為之諱也。

證曰："善善也長，惡惡也短；惡惡止其身，善善及子孫。"《穀梁》不傳斯義，且並略而不詳其事。此所以《穀梁》略于義也。

［經］冬，黑肱以濫來奔。（昭公三十一年）

［穀梁傳］其不言邾黑肱，何也？別乎邾也。其不言濫子，何也？非天子所封也。來奔內，不言叛也。

［公羊傳］文何以無邾婁？通濫也。曷為通濫，賢者子孫宜有地也。賢者孰謂？謂叔術也。何賢乎叔術？讓國也。其讓國奈何？當邾婁顏之時，邾婁女有為魯夫人者，則未知其為武公與？懿公與？孝公幼，顏淫九公子于宮中，因以納賊。則未知其為魯公子與？邾

妻公子與？臧氏之母，養公者也。——君幼則宜有養者，大夫之妾士之妻，則未知臧氏之母者，曷為者也？——養公者必以其子入養；臧氏之母聞有賊，以其子易公，抱公以逃。賊至湊公寢而弒之。臣有鮑廣父與梁買子者，聞有賊，趨而至。臧氏之母曰："公不死也，在是；吾以吾子易公矣。"于是負孝公之周，愬天子；天子為之誅顏而立叔術，反孝公于魯。顏夫人者，嫗盈女也，國色也。其言曰："有能為我殺殺顏者，吾為其妻。"叔術為之殺殺顏者，而以為妻。有子焉，謂之盱。夏父者，其所為有于顏者也。盱幼而皆愛之，食必坐二子于其側而食之。有珍怪之食，盱必先取足焉。夏父曰："以來！人未足，而盱有餘！"叔術覺焉。曰："嘻！此誠爾國也夫！"起而致國于夏父。夏父受而中分之，叔術曰："不可。"三分之？叔術曰："不可。"四分之？叔術曰："不可。"五分之，然後受之。公扈子者，邾婁之父兄也。習乎邾婁之故。其言曰："惡有言人之國賢若此者乎？"誅顏之時天子死，叔術起而致國于夏父。當此之時，邾人常被兵于周，曰："何故死吾天子？"通濫則文何以無邾婁？天下未有濫也，天下未有濫，則其言以濫來奔何？叔術者，賢大夫也，絕之則為叔術不欲絕，不絕則世大夫也。大夫之義不得世，故于是推而通之也。

證曰：包慎言曰："叔術之妻嫂竊國，論其絕也，必矣。《公羊》以其讓國之公，除其前之淫罪。蓋論人君與士大夫異科，君與國為體，有功于國，其餘小過則略之。齊桓之姊妹不嫁，晉文之納懷嬴，《春秋》皆不之責，以其拯生民之功大也。叔術妻嫂之罪當絕，而其見幾能作，舉國而授之夏父，免數世爭篡之禍；以隱、桓之事衡之，則術之當幾立斷，而不受辱，其智為不可及矣。"《穀梁》于其事既不詳，其當幾立斷之義自不見，故于經之書法，亦不能明之也。辨已見前。崔觶甫曰："穀梁氏曰，其言不邾黑肱何也？別乎邾也。"注："邾無濫封黑肱，故別之若國。"《左氏》以為三叛人之一。皆不及賢者子孫宜有地之義，比而叛《春秋》也。

[經] 十有四年春，西狩獲麟。（哀公十四年）

[穀梁傳] 引取之也。狩地，不地，不狩也。非狩而曰狩，大獲麟，故大其適也。其不言來，不外麟于中國也。其不言有，不使麟不恒于中國也。

[公羊傳] 何以書？記異也。何異爾？非中國之獸也。然則孰狩之？薪采者也。薪采者則微者也，曷為以狩言之？大之也。曷為大之？為獲麟大之也。曷為為獲麟大之？麟者，仁獸也，有王者則至，無王者則不至。有以告者曰："有麕而角者。"孔子曰："孰為來哉！孰為來哉！"反袂拭面涕沾袍。顏淵死，子曰："噫！天喪予！"子路死，子曰："噫！天祝予！"西狩獲麟。孔子曰："吾道窮矣！"《春秋》何以始乎隱？祖之所逮聞也。所見異辭，所聞異辭，所傳聞異辭。何以終乎哀十四年？曰：備矣！君子曷為為《春秋》？撥亂世，反諸正，莫近諸《春秋》，則未知其為是與？其諸君子樂道堯舜之道與？末不亦樂乎堯舜之知君子也。制《春秋》之義，以俟後聖，以君子之為亦有樂乎此也。

證曰：《春秋》始于魯隱，終于哀十四年，為之傳者，宜有說也。《穀梁》于隱元年，不釋元年春王正月五始之義，不善始矣。而于西狩獲麟，亦不說《春秋》何以終于獲麟之義，傳家體例，不當如是。《公羊》于《春秋》終始並有說，蓋實得《春秋》之真傳者也。《穀梁》略之，可以知矣。

…………

證曰：以上十傳，《穀梁》于事義並略，甚失傳經之體例，且不合《春秋》借事明義之根本，亦足以見其不得《春秋》之眞傳。鄭康成《六藝論》曰："《左氏》善于禮，《公羊》善于讖，《穀梁》善于經。"善于經者，果當略其本事，并略其大義耶？

第四　《穀梁》之略于本事

［經］宋公、陳侯、蔡人、衛人伐鄭。秋，翬帥師會宋公、陳侯、蔡人、衛人伐鄭。(隱公四年)

［穀梁傳］翬者何也？公子翬也。其不稱公子何也？貶之也。何為貶之也？與于弑公。故貶也。

［公羊傳］翬者何？公子翬也。何以不稱公子？貶。曷為貶？與弑公也。其與弑公奈何？公子翬諂乎隱公，謂隱公曰："百姓安子，諸侯說子，盍終為君矣！"隱公曰："否，吾使脩塗裘，吾將老焉。"公子翬恐若其言聞于桓，于是謂桓曰："吾為子口隱矣，隱曰：'吾不反也'。"桓曰："然則奈何？"曰："請作難。弑隱公。"于鍾巫之祭焉弑隱公也。

證曰：隱之弑所必詳，而《穀梁》反略之，非為經作傳者，所當出此也。

［經］三月，夫人孫于齊。(莊公元年)

［穀梁傳］孫之為言猶孫也，諱奔也。接練時錄母之變，始人之也。不言氏姓，貶之也。人之于天也，以道受命；于人也，以言受命。不若于道者，天絕之也；不若于言者，人絕之也。臣子大受命。

［公羊傳］孫者何？孫猶孫也，內諱奔謂之孫。夫人固在齊矣，其言孫于齊何？念母也。正月以存君，念母以首事。夫人何以不稱

79

姜氏？貶。曷為貶？與弒公也。其與弒公奈何？夫人譖公于齊侯。公曰："同非吾子，齊侯之子也。"齊侯怒，與之飲酒；于其出焉，使彭生送之，于其乘焉，搚幹而殺之。念母者，所善也，則曷為于其念母焉貶？不與念母也。

證曰：此與隱之見弒，同所當詳者，而《穀梁》略之，無乃太簡乎？

[經] 秋，八月甲午，宋萬弒其君捷，及其大夫仇牧。（莊公十二年）

[穀梁傳] 宋萬，宋之卑者也，卑者以國氏。及其大夫仇牧，以尊及卑也。仇牧，閑也。

[公羊傳] 及者何？累也。弒君多矣，舍此無累者乎？孔父、荀息皆累也。舍孔父、荀息無累者乎？曰：有。有則此何以書？賢也。何賢乎仇牧？仇牧可謂不畏彊禦矣。其不畏彊禦奈何？萬嘗與莊公戰，獲乎莊公。莊公歸，散舍諸宮中，數月然後歸之。歸，反為大夫于宋，與閔公博，婦人皆在側。萬曰："甚矣，魯侯之淑，魯侯之美也！天下諸侯宜為君者，唯魯侯爾。"閔公矜此婦人，妒其言，顧曰："此虜也，爾虜焉故，魯侯之美惡乎至？"萬怒，搏閔公，絕其脰。仇牧聞君弒，趨而至，遇之于門，手劍而叱之。萬臂搬仇牧，碎其首，齒著乎門闔。仇牧可謂不畏彊禦矣。

證曰：《穀梁》云："仇牧閑也。"其傳不詳言之，《公羊》已詳之也。

[經] 冬，公會齊侯盟于柯。（莊公十三年）

[穀梁傳] 曹劌之盟也。信齊侯也。桓盟雖內與不日，信也。

[公羊傳] 何以不日？易也。其易奈何？桓之盟不日，其會不致，信之也。其不日何以始乎此？莊公將會乎桓，曹子進曰："君之意何如？"莊公曰："寡人之生，則不若死矣！"曹子曰："然則君請

當其君，臣請當其臣。"莊公曰："諾。"于是會乎桓，莊公升壇，曹子手劍而從之。管子進曰："君何求乎？"曹子曰："城壞壓竟，君不圖與！"管子曰："然則君將何求？"曹子曰："願請汶陽之田。"管子顧曰："君許諾。"桓公曰："諾。"曹子請盟。桓公下與之盟。已盟，曹子摽劍而去之。要盟可犯，而桓公不欺，曹子可讎，而桓公不怨。桓公之信著乎天下，自柯之盟始焉。

證曰：《穀梁》曰："曹劌之盟也。"而不詳言之。《公羊》已說之也。故從略耳。此皆晚于《公羊》，及見《公羊》之證。

［經］冬，戎侵曹，曹羈出奔陳。（莊公二十四年）曹殺其大夫。（莊公二十六年）

［穀梁傳］（無傳）（莊公二十四年）言大夫而不稱名姓，無命大夫也。無命大夫而曰大夫，賢也。為曹羈崇也。（莊公二十六年）

［公羊傳］曹羈者何？曹大夫也。曹無大夫，此何以書？賢也。何賢乎曹羈？戎將侵曹，曹羈諫曰："戎衆以無義，君請勿自敵也。"曹伯曰："不可。"三諫不從，遂去之。故君子以為得君臣之義也。（莊公二十四年）何以不名？衆也。曷為衆殺之？不死于曹君者也。君死乎位曰滅，曷為不言其滅？為曹羈諱也。此蓋戰也，曷以不言戰？為曹羈諱也。（莊公二十六年）

證曰：此與說"曹劌之盟"相同，蓋以公羊已言之，不能變易其詞也。《春秋復始》曰："穀梁氏曰：'言大夫而不稱名姓，無命大夫也。無命大夫而曰大夫，賢也。為曹羈崇也。'此謬說也。經書曹羈出奔陳矣，不言曹羈歸于曹，則曹君焉得而殺之。……要之，穀梁氏以不稱名姓為賢，與左氏以不稱名為非其罪。皆與不死于曹君者也之義相反。比而叛春秋者也。"

［經］楚屈完來盟于師，盟于召陵。（僖公四年）

［穀梁傳］楚無大夫，其曰屈完何也？以其來會桓，成之為大夫

也。其不言使，權在屈完也。則是正乎？曰：非正也。以其來會諸侯重之也。來者何？內桓師也。于師，前定也；于召陵，得志乎桓公也。得志者，不得志也。以桓公得志為僅矣。屈完曰："大國之以兵向楚何也？"桓公曰："昭王南征不反，菁茅之貢不至，故周室不祭。"屈完曰："菁茅之貢不至則諾；昭王南征不反，我將問諸江。"

［公羊傳］屈完者何？楚大夫也。何以不稱使？尊屈完也。曷為尊屈完？以當桓公也。其言盟于師盟于召陵何？師在召陵也。師在召陵，則曷為再言盟？喜服楚也。何言乎喜服楚？楚有王者則後服，無王者則先叛，夷狄也而亟病中國。南夷與北夷交，中國不絕若綫；桓公救中國，而攘夷狄，卒帖荊；以此為王者之事也。其言來何？與桓為主也。前此者有事矣，後此者有事矣，則曷為獨于此焉與桓公為主？序績也。

證曰："昭王南征不反"諸句，似較《公羊》為詳明矣。然而不詳尊王攘夷之事。不序齊桓為主之績；非《春秋》義。

［經］秋，九月乙丑，晉趙盾弑其君夷皋。(宣二年)春，晉趙盾、衛孫免侵陳。(宣六年)

［穀梁傳］穿弑也。盾不弑而曰盾弑何也？以罪盾也。其以罪盾何也？曰：靈公朝諸大夫而暴彈之，觀其辟丸也；趙盾入諫不聽，出亡，至于郊。趙穿弑公，而後反趙盾。史狐書賊曰："趙盾弑公。"盾曰："天乎天乎！予無罪。孰為盾而忍弑其君者乎？"史狐曰："子為正卿，入諫不聽，出亡不遠；君弑，反不討賊；則志同。志同則書重，非子而誰？"故書之曰："晉趙盾弑其君夷皋"，過在下也。曰：於盾也見忠臣之至，于許世子止見孝子之至。(宣二年)此帥師也，其不言帥師何也？不正其敗前事，故不與帥師也。(宣六年)

［公羊傳］（無傳）(宣二年)趙盾弑君，此其復見何？親弑君者趙穿

也。親弒君者趙穿,則曷為加之趙盾?不討賊也。何以謂之不討賊?晉史書賊曰:"晉趙盾弒其君夷獔。"趙盾曰:"天乎無辜!吾不弒君,誰謂吾弒君者乎?"史曰:"爾為仁為義,人弒爾君,而復國不討賊,此非弒君而何?"趙盾之復國奈何?靈公為無道,使諸大夫皆內朝;然後處乎台上,引彈而彈之;已趨而辟丸,是樂而已矣。趙盾已朝而出,與諸大夫立于朝,有人荷畚自閨而出者。趙盾曰:"彼何也?夫畚曷為出于閨?"呼之不至。曰:"子大夫也,欲視之則就而視之。"趙盾就而視之,則赫然死人也。趙盾曰:"是何也?"曰:"膳宰也。熊蹯不孰,公怒以斗擊而殺之,支解將使我棄之。"趙盾曰:"嘻!"趨而入。靈公望見趙盾,愬而再拜。趙盾逡巡北面再拜稽首,趨而出。靈公心怍焉,欲殺之,于是使勇士某者往殺之。勇士入其大門,則無人門焉者;入其閨,則無人閨焉者;上其堂則無人焉。俯而闚其戶,方食魚飧。勇士曰:"嘻!子誠仁人也。吾入子之大門,則無人焉;入子之閨,則無人焉;上子之堂,則無人焉;是子之易也。子為晉國重卿,而食魚飧,是子之儉也。君將使我殺子,吾不忍殺子也。雖然,吾亦不可復見吾君矣!"遂刎頸而死。靈公聞之怒,滋欲殺之甚;衆莫可使往者,于是伏甲于宮中,召趙盾而食之。趙盾之車右祁彌明者,國之力士也;屹然從乎趙盾而入,放乎堂下而立。趙盾已食,靈公謂盾曰:"吾聞子之劍,蓋利劍也,子以示我,吾將觀焉。"趙盾起將進劍,祁彌明自下呼之曰:"盾食飽則出,何故拔劍于君所!"趙盾知之,躇階而走。靈公有周狗,謂之獒。呼獒而屬之,祁彌明逆而踆之,絕其領。趙盾顧曰:"君之獒不若臣之獒也!"然而宮中甲鼓而起。有起于甲中者,抱趙盾而乘之。趙盾顧曰:"吾何以得此于子?"曰:"子某時所食活我于暴桑下者也。"趙盾曰:"子名為誰?"曰:"吾君孰為介?子之乘矣!何問吾名？"趙盾驅而出，衆無留之者。趙穿緣民衆不說，起弒靈公，然後迎趙盾而入，與之立于朝。而立成公黑臀。

證曰：事之詳略自明。

[經] 夏，六月乙卯，晉荀林父帥師及楚子戰于邲，晉師敗績。（宣公十二年）

[穀梁傳] 績，功也；功，事也。日，其事敗也。

[公羊傳] 大夫不敵君，此其稱名氏以敵楚子何？不與晉而與楚子為禮也。曷為不與晉而與楚子為禮也？莊王伐鄭，勝乎皇門，放乎路衢。鄭伯肉袒，左執茅旌，右執鸞刀，以逆莊王曰："寡人無良邊垂之臣，以干天禍，是以使君王沛焉辱到敝邑。君如矜此喪人，錫之不毛之地，使帥一二耋老而綏焉，請唯君王之命。"莊王曰："君之不令臣，交易為言，是以使寡人得見君之玉面，而微至乎此。"莊王親自手旌，左右撝軍退舍七里。將軍子重諫曰："南郢之與鄭，相去數千里，諸大夫死者數人，廝役扈養死者數百人，今君勝鄭而不有，無乃失民臣之力乎？"莊王曰："古者杅不穿，皮不蠹，則不出于四方；是以君子篤于禮而薄于利，要其人而不要其土。告從，不赦不詳。吾以不詳道民，災及吾身，何日之有？"既而晉師之救鄭者至。曰："請戰。"莊王許諾。將軍子重諫曰："晉大國也，王師淹病矣！君請勿許也。"莊王曰："弱者吾威之，彊者吾辟之，是以使寡人無以立乎天下。"令之還師而逆晉寇。莊王鼓之，晉師大敗。晉衆之走者，舟中之指可掬矣。莊王曰："嘻！吾兩君不相好，百姓何罪。"令之還師而佚晉寇。

證曰：事之詳略自明。

[經] 夏，五月戊辰，許世子止弒其君買。冬，葬許悼公。（昭公十九年）

[穀梁傳] 日弒，正卒也。正卒則止不弒也，不弒而曰弒，責止

也。止曰："我與夫弒者。"不立乎其位,以與其弟虺。哭泣歠飦粥,嗌不容粒,未踰年而死。故君子即止自責,而責之也。日卒時葬,不使止為弒父也,曰:子既生,不免乎水火,母之罪也。羈貫成童,不就師傅,父之罪也。就師學問無方,心志不通,身之罪也。心志既通,而名譽不聞,友之罪也。名譽既聞,有司不舉,有司之罪也。有司舉之,王者不用,王者之過也。許世子不知嘗藥,累及許君也。

［公羊傳］賊未討何以書葬?不成于弒也。曷為不成于弒?止進藥而藥殺也。止進藥而藥殺,則曷為加弒焉爾?譏子道之不盡也。其譏子道之不盡奈何?曰:樂正子春之視疾也,復加一飯則脫然愈,復損一飯則脫然愈;復加一衣則脫然愈,復損一衣則脫然愈。止進藥而藥殺,是以君子加弒焉爾。曰"許世子止弒其君買"。是君子之聽止也。"葬許悼公",是君子之赦止也。赦止者,免止之罪辭也。

證曰:《穀梁》不詳于事者,其傳甚多;此傳似較《公羊》稍詳。然《公羊》"譏子道之不盡",是《春秋》經意,(加弒)《穀梁》云:"累及許君也。"非《春秋》經意。(本赦止也)

［經］齊侯唁公于野井。(昭公二十五年)

［穀梁傳］弔失國曰唁,唁公不得入于魯也。

［公羊傳］唁公者何?昭公將弒季氏,告子家駒曰:"季氏為無道,僭于公室久矣,吾欲弒之何如?"子家駒曰:"諸侯僭于天子,大夫僭于諸侯久矣!"昭公曰:"吾何僭矣哉?"子家駒曰:"設兩觀,乘大路;朱干,玉戚,以舞大夏;八佾以舞大武;此皆天子之禮也。且夫牛馬,維婁委已者也而柔焉。季氏得民眾久矣,君無多辱焉。"昭公不從其言,終弒而敗焉。走之齊,齊侯唁公于野井,曰:"奈何君去魯國之社稷?"昭公曰:"喪人不佞,失守魯國之社稷,執事以羞。"再拜顙。慶子家駒曰:"慶子免君于大難矣!"子

家駒曰："臣不佞，陷君于大難，君不忍加之以鈇鑕，賜之以死。"再拜顙。高子執簞食，與四脡脯，國子執壺漿，曰："吾寡君聞君在外，餕饔未就，敢致糗于從者。"昭公曰："君不忘吾先君，延及喪人，錫之以大禮。"再拜稽首以袵受。高子曰："有夫不祥，君無所辱大禮。"昭公蓋祭而不嘗。景公曰："寡人有不腆先君之服，未之敢服；有不君先腆之器，未之敢用；敢以請。"昭公曰："喪人不佞，失守魯國之社稷，執事以羞，敢辱大禮，敢辭。"景公曰："寡人有不腆先君之服，未之敢服；有不腆先君之器，未之敢用；敢固以請。"昭公曰："以吾宗廟之在魯也，有先君之服，未之能以服；有先君之器，未之能以出；敢固辭。"景公曰："寡人有不腆先君之服，未之敢服；有不腆先君之器，未之敢用，請以饗乎從者。"昭公曰："喪人其何稱？"景公曰："孰君而無稱。"昭公于是歔然而哭，諸大夫皆哭。既哭，以人為菑，以幦為席，以鞍為几，以遇禮相見。孔子曰："其禮與其辭足觀矣。"

證曰：文之詳略自明。

…………

證曰：鍾文烝曰："季子之酖叔牙，叔彭生之死，歸父之遣，與宋宣繆之讓國，殤閔之被弒，孔父、仇牧之死難，華元之平楚，陳袁濤塗之誤齊桓，晉荀息之死難，齊豎刁、易牙之爭權，逢丑父之救君，陳乞之迎陽生，衛叔武之被殺，甯殖之命子，鄭弦高之犒秦師，楚莊王之赦鄭，靈王之縊死；《左氏》《公羊》皆有明文，傳絕無之。又《公羊》載曹子之劫齊桓，孔子之行乎季孫，曹羈之諫君，齊高子之城魯，傳亦絕無之。又公羊解經有衛石碏、鄭高克、楚子玉得臣、晉先軫、曹公子喜時等姓氏名字，傳皆不具。夫此數十事者，公羊高尚能得之于師，則穀梁子尤當知之，今皆隱約其詞，或沒而不說，是其好從簡略矣。"案：《穀梁》略于述經之本事者，固不止如鍾氏所舉之數十事，及茲所舉之十傳。自餘如公子友葬原仲（莊廿七年），子般卒（莊卅二年），執宋公以伐宋（僖廿一年），衛侯之弟專奔晉（襄廿七年），吳子使札來聘（襄廿九年），楚公子比自晉歸于楚（昭十三年），盜竊寶玉大弓（定八年）諸傳，皆遠不及《公羊》之詳。大氐其略于大義本事者，共不下五十餘傳。雖《春秋》重義不重事，然事過略則義不明。《穀梁》徒知詳于禮制瑣節，而獨忽于大事大義，果得《春秋》之眞傳者，必不當疏略如此也。其非得之于師，固亦可以明矣。

附錄：尸子考證

　　這一篇本是在十四年三月上海《時事新報學燈》上發表的，後來未經我的同意又轉載在《國故學討論集》上。因為尸子與《穀梁》是有關係的，所以附錄于此。現在手邊沒有原稿，也沒有《學燈》，只好就《國故學討論集》上的本文，將錯字改好，暫且錄出來。正式的修補，到將來再說。

二十，八，二十　作者附識

（一）

　　《漢書‧藝文志》有"《尸子》二十篇"，列在雜家。班固自注曰："名佼，魯人。秦相商君師之，鞅死，佼逃入蜀。"《史記‧孟荀列傳》上說："楚有尸子。"劉向《別錄》說是在蜀。王應麟在《〈漢書‧藝文志〉考證》上說："今案尸子書，晉人也。名佼，秦相衛鞅客也。鞅謀事畫計，立法理民，未嘗不與佼規也。商君被刑，佼恐並誅，乃逃入蜀，造二十篇書，凡六萬餘言。"這是尸子的來歷，我們所知道的大約如此。

　　《尸子》全書，到宋時早已散亡了。現在通行的《尸子》，一是任兆麟輯的，一是章宗源輯的，一是孫星衍輯的，一是汪繼培輯的。這四種輯本之中，惟有汪本搜羅最多，所以人們都說："汪輯最好。"現在我們考訂《尸子》，只有根據汪本了。

記得梁任公先生在《哲學雜誌》第四期上說：《尸子》"輯本近眞"。胡適之先生在《中國哲學史大綱》上說："《尸子》書二十卷，向來列在雜家，今原書已亡，但是有從各書裏輯成的《尸子》兩種。據這些引語看來，尸佼是一個儒家的後輩，……即使這些不眞是尸佼的，也可以代表當時的一派法理學者。"可見人們對於《尸子》，沒有那個積極的反證《尸子》是極不可靠的，是有問題的。我讀現今汪輯《尸子》，就很不相信是無問題的，六七年來，對於這個疑問，很加注意，漸漸證據也多了。我以為有三個問題是該討論的：（一）人的問題，（二）文的問題，（三）時的問題。換言之，我以為現在通行的《尸子》，至少是兩個人作出的，並且有兩個時代的嫌疑。請把我的意見說明，以便討論。

（二）

現在通行的《尸子》是兩人的，這是很容易看出來的。

汪繼培的《尸子叙》上說："劉向序《荀子》，謂'尸子著書，非先王之法，不循孔氏之術。'劉勰又謂其'兼總雜術，術通而文鈍。'今原書散佚，未究大恉。諸家徵說，率皆採擷精華，剪落枝葉，單詞賸義，轉可寶愛。"

章懷太子注《後漢書》（宦者呂強列傳）謂："尸子書二十篇，十九篇陳仁義道德之紀，一篇言九州險阻，水泉所起。"

據這兩段話看來，顯而易見的是有兩樣學說，兩樣的作者。如若尸子是秦相商君之師，畫議圖計，必相與偕。那樣，尸子既能與商君合作，又能與商君親密，尸子必定也是任法重刑，棄知非聖的主張者。鞅死逃蜀，便是個明證。劉向說尸子是"非先王之法，不循孔氏之術"，當然也是眞實可靠的。

但是反過來說，《穀梁傳》在隱公五年有尸子的"初獻六羽，始厲樂矣"這一句。在桓公九年有："夫已多乎道。"也是尸子的。尸子既是穀梁經師，必定私淑孔子，服膺聖道；《穀梁傳》上的引語，當然可靠。章懷太子說："尸子書二十篇，十九篇陳仁義道德之紀"，應該也是眞實可信的。(《元和姓纂》一屋穀梁姓下引尸子曰："穀梁俶傳春秋十五卷。"此語當在尸子原書中，此亦一證據。)

我們現在將劉向、章懷太子的話證明了。在《漢書·藝文志》上，只有一種尸子，在劉向和章懷太子的口中，却有兩樣的尸子。大概在以前總有兩種尸子，所以他們說法不同，不過我們現在因原書已亡，把尸子誤認為一人的了。講《穀梁傳》的，有不承認尸子是一個人的。阮文達說："隱五年，桓六年（應是九年）並引尸子，說者謂即尸佼。佼為秦相商鞅客，鞅被刑後，遂亡逃入蜀。而預為徵引，必無是事；或傳中所言，非尸佼也。"（《穀梁註疏校勘記》叙）廖季平說："先師也，人表序以為在孟子後；或以為佼，非也。"（《穀梁古義疏》隱五注）但阮、廖皆未尋出什麼根據來，其實拿文字時代來作證，商君的先師的尸子，與儒家的後輩的尸子，很容易見出是兩人的。

（三）

现在通行的纂辑的《尸子》，大概是两样作者底文字，这是很能帮助证明"尸子"这两字代表两人的。由文字上观察思想，其不合之处，略有三种。请引辑本尸子的话语，来作证明。

凡治之道莫如因智，因智之道，莫如因贤。（《治天下》）

治天下有四术：一曰忠爱，二曰无私，三曰用贤，四曰度量。（《君治》）

圣人正己而四方治矣。（《神明》）

仲尼曰："得之身者，得之民，失之身者，失之民；不出于户，而知天下，不下其堂，而治四方，知反之于己者也。"以是观之，治己则治人矣。（《处道》）

这个尸子，大概是儒家后辈，所以他要讲究"忠爱""无私""正己""因贤"。这必不能与商君合作。韩非说："商君教秦孝公燔诗书而明法令。"（《和氏》）又说："公孙鞅之治秦，赏厚而信，刑重而必，故其国富而兵强。"商君不重贤智，不讲仁爱，那能和这尸子志同道合呢？必不能做到"未尝不与佼规"，而结果佼至"遂亡逃入蜀"。我们可以断定这非刘向和班固所说的尸子，这不是"非先王之道"的。

但是如若认定他是儒家的后辈，当然这尸子就是穀梁经师，圣人之徒了。他偏又说：

墨子贵兼，孔子贵公，皇子贵衷，田子贵均，列子贵虚，料子贵别囿。其学之相非也，数世矣，而已皆弇于私也。（《广泽》）

這一段話把孔夫子列在第二位，讓墨子坐第一把交椅，又說孔夫子是"而已皆夸于私也"。這很不像是陳仁義之紀的尸子，倒像與商君合作的一人。孫星衍校本《尸子叙》說："……而尸子以為孔子貴公，與諸子並論，不亦失言乎？"這就是對於儒家的後輩的尸子懷疑了！尸子本列雜家，但我們不可以這尸子是雜家，就認為儒家後輩的尸子，就可以非聖誣孔了！

孔子說："道之以政，齊之以刑，民免而無恥。"儒家本是注重人格的感化的，尸子也很主張感化主義的，所以說："聖人正己而四方治矣。"但書中有："是則有賞，非則有罰，人君之所獨斷也。"這便不合儒家的尸子的口味，我們不能無疑。我不敢說那些是商君之師的尸子的話語，也不敢說那不是商君之師的尸子的話。

最重要的還是尸子時代之考證。

（四）

據前二節的證明看來，現行《尸子》，在作者方面，在文字方面，都可見得是兩樣的人。其實這兩樣人是未必同時代的。班固以為是尸佼，秦相商鞅師之，更未必可靠。這是本文最重要的地方，我今從三方面立論，來求讀者的注意和批評。

一，尸子說："墨子貴兼，孔子貴公，皇子貴衷，田子貴均，料子貴別囿，其學之相非也，數世矣，而已皆夸子私也。"這一段話，有幾處很可疑的，足證尸子決不能是商君之師的尸佼。第一，"田子貴均，"當然是指田駢。田駢又叫陳駢，《呂氏春秋·不二》篇說："陳駢貴齊。"田陳古通，均齊義同，這是一個旁證。《莊子·天下》

篇說："慎到田駢彭蒙……齊萬物以為首。"這也是可以證明"田子貴均"的田子是田駢。田駢的時代，大概是西歷前三世紀的初年，田駢學說之成熟，大概是前三世紀的初半。然而尸佼是于西歷前三三八年，商君被刑後入蜀的，這和田駢的學說之成熟，相距至少有四五十年。（凡關于年代，請看胡適《中國哲學史大綱》三四〇至三六〇頁。）尸佼是商君之師，如何能活得那樣長久，如何能知道"田子貴均"呢？最可疑的是：第二，"其學之相非也，數世矣"這一句。尸子能知道田駢的學說和別種的學說，相非至于數世麼？第三，"料子貴別囿"這話也可疑。"別囿"是宋鈃尹文派的思想，在田駢之後，尸佼能知道這學派的產生嗎？能說他們相非數世嗎？合這三個疑點看來，現行《尸子》，未必是尸佼的罷！

二，現行《尸子》上有這一句：赤縣州者，實為崑崙之墟。"赤縣神州"是騶衍的新創，騶衍約和平原君同時，《史記·平原君傳》且說騶衍在信陵破秦存趙之後，約在西歷前二五七年。尸佼前三三八年入蜀，他能知道這六七十年以後的學說嗎？他能知道赤縣州這個名詞嗎？尸佼如若是商君之師，我以為他說不出這話來。

三，現在我們從《穀梁傳》來看罷！如若尸子是穀梁經師，他是否即是尸佼？他的時代又如何？穀梁這個人，傳說有四個名子❶，兩個時代，很可以考定的。（看柳興恩《穀梁大義述·述經師》篇）。《穀梁傳》大概更不是穀梁本人作出的（看《四庫全書總目提要》）我們不可以拿穀梁的時代，推定尸子的時代。但是據紀昀的《四庫提要》、陳澧的《東塾讀書記》、皮錫瑞的《春秋通論》等書看來，《穀梁傳》是見過了《公羊傳》然後作出的。《公羊傳》是

---

❶ "名子"今作"名字"。——編者註

"公羊五世相授，至胡毋生乃著竹帛"的（徐彥《公羊傳疏》），那末，穀梁的"著于竹帛"，當然在公羊後了。而《尸子》有"穀梁俶傳《春秋》十五卷"的話，這尸子似乎見過穀梁已著竹帛的，故能說"十五卷"這些話了。這是漢時的經師才能說的，當然不是尸佼了。我因此疑《穀梁傳》既引《尸子》，而成若干卷，《尸子》又不應說這"穀梁俶傳《春秋》十五卷"的話。然則不是《尸子》有後人譌造的部分在內，則《穀梁傳》必有後人竄亂的情形了。這總算我的第三個證據了。

附說：關于《穀梁》方面，我本還有似乎極強的證據，足證明《尸子》不是尸佼那個時代的。因為牽連的引證太多，我尚有一二懷疑的地方，只好暫時從略，候將來再發表罷！

我因為現代《尸子》上很多關于正名的話，恐怕劉向所說的尸子是戰國末年的人物，所以他能舉出當時各派的學說。根據"穀梁俶傳《春秋》十五卷"這一句話，我恐怕章懷太子所見的尸子是漢代的人物。但是劉向何以沒有見到陳仁義之紀的"尸子"呢？尸子怎又能說"十五卷"的話呢？我恐怕真的尸佼的書已亡，唐宋所見的《尸子》是後人偽造的——至少有一部分是偽造的——不過我是尚無確證罷。

（五）

在我這篇結論上，我請聲明三件事：

一，我以為現在通行的《尸子》，決不是尸佼的著述，但當日確有尸佼這個人。我承認《穀梁傳》上的尸子，在當日或確有其人，不過他決不是尸佼這人；現行的《尸子》上面，或者至少有他的許多學說思想在內。現在的《尸子》，或者至少又有後人的依託部分在內，我們不可隨便當作可以代表先秦時代的思想——這些是這篇《尸子考證》的結論，希望讀者與以盡量之批評。

二，尸子的問題，不僅是與諸子有關係，也與《春秋穀梁傳》有關係。以前的學者——講《穀梁》的——似乎對於尸子，都未講得透澈，確鑿。康有為先生曾說過尸子是始皇時代的人，但也未說出充分之理由。（看《春秋筆削大義微言攷》）我希望從此有人注意這個問題。

三，凡是前人書籍已散亡，經後人搜集起來的東西，大概都不可深信，我們不可以為輯本就是可靠的。我希望談古書真偽的人們，對於這個提議，也加以注意！

十四年二月三日，在太原

後　序

　　現在這一本《穀梁眞僞攷》三校已經完了。我怎樣地要作這一部書，為什麼採用這樣的組織法，以及我作完後的感想，等等，似乎還有要說明的地方，現在利用這一篇《後序》略述一下。

一

　　在民國十一年的冬天，我作我的《春秋六論》的時候，我對于《穀梁》不合孔子思想的地方，已經是很懷疑的。我對于《穀梁》，已經是很少採用他的說法。到十四年的時候，我將《春秋六論》第一篇之前半改造為《春秋大義是什麼》一文，在《時事新報》的《學燈》上發表。那一篇《前叙》上說："我研究《春秋》一經，絕對地嚴守《公羊》之說，我只承認《公羊》是《春秋》的眞傳；我何故守《公羊》，棄《左》《穀》，俟將來再說明。"同時我在《學燈》上發表的《尸子攷證》上面也說："《穀梁傳》必有竄亂的情形，……候將來再發表。"在我心中盤旋這《穀梁》是否眞傳的問題實在有多少年了，但是我的意見始終不敢發表。

　　治經是要守家法的，研究《春秋》更不當于三傳擇善而從。孔廣森在《公羊通義》的《叙》上說："倘將參而從焉，衡而取焉，彼孰不自以擇善者。"這話是不錯的。研究《春秋》不將三傳的問題解決，終是一個缺陷。《左傳》經過許多學者的論辨，和近來珂羅倔倫的《左傳眞偽攷》用文法上統計的證明，《左氏》不傳《春秋》，總可以相信了。惟有《穀梁》還是懸案。劉申受的《穀梁廢疾申何》被柳興恩駁了，崔觶甫的"《穀梁》亦古文學"也很難令人信服，所以在《左傳眞偽攷》出世以後，我才想將來作一部小小的《穀梁春秋攷證》，來討論這一個懸案。

現在這年頭研究經是要感困難的，差不多也沒有什麼人注意《春秋》經，何況是《穀梁傳》呢？我自己學問很淺薄，又有些其他的工作，我的理想並沒有想使他實現。去年秋後，我着手作諸子通攷式的"《諸子通論》"，想把諸子的名稱、宗派、淵源、緣起、流變、眞偽，等等作一種有系統的敘述。到今年初稿完成，而我的舊病復發。恰好我要替《學文》第三期作一篇文章，我才決定在養病期中來試驗地討論這個問題。後來越作越多，不得已才節錄上篇的五分之一去充《學文》的篇幅。我的重要的證據也未錄出，不得不將全文發表了。同時我知道劉申受的《左氏春秋攷證》快要印單行本了，我才預備將這一點玩藝兒也"災及鉛民"，用一個摩登而明白些的名稱——《穀梁眞偽攷》——將他付印。趁趁熱鬧，撐撐面子，省得外國的學者很麻煩地替我們來作，顯見得我們似乎太不注意這個問題了。

這些是我要將這一點玩藝拿出來獻醜的緣故，實在是出乎我意料之外的。

二

我作這一部書本來是要用《穀梁春秋攷證》的名稱的，所以用的是《左氏春秋攷證》的組織法。但是我並不想完全學劉申受，更不願替他的《穀梁廢疾申何》作辯護士，他那不分類別的格式似乎很不適用。所以我要另想方法，將前人未說過的挑出來說，和已說過而確鑿的來重說。一方面想貢獻一點新的意見，一方面來作舊說的重新證明。引用《穀梁》學者之說來證明不是私見，引用其他學者之說來幫助明瞭，同時也算是搜集前人對於《穀梁》的評論。再探出他的本源，攷出他的年代，我想這樣子已經够了！

　　本來我對於《穀梁》還有三四十條要評論的地方，應當加入本書的。例如：閔公元年《穀梁傳》說："不以齊侯使高子也。"高子是齊國的大夫，為什麼齊侯不能使呢？所以劉申受說："豈君臣之義乎？"柳興恩駁道："《公羊》成二年亦云'君不使乎大夫'。"君不使乎大夫與君不使大夫當然不同。《公羊》那句本當作"君不行使乎大夫"，見《校勘記》，是說君不遣使"到"（乎）大夫那裏去。柳興恩將"乎"字忽略了，也不看《校勘記》，拿來迴護《穀梁》，實在沒有道理；《穀梁》那一句話，實在有違君臣之義。又如：呂大圭在《春秋五論》上說："是故桓公將攘楚，必先有事于蔡；晉文將攘楚，必先有事于曹、衛，此事實也。而左氏不達其故，于侵蔡則曰為蔡姬故，于侵曹伐衛則曰為觀浴與塊故。此其病在于推尋事由，……未盡可據也。"《穀梁》于侵曹伐衛也說："再稱晉侯，忌也。"（僖二十八年）"忌"是怨恨，和《左傳》的為觀浴與塊的報復的意思正是相合。足見《左》《穀》是一個鼻孔子出氣的。不盡可據。這三四十條要說的地方本可編成一個中篇，但我想大可以不必。上篇作為主腦，下篇算是註脚，中篇暫付闕如。這樣子似乎也够了。

　　本書每條先引經，註明某公某年，其次傳，其次註疏。所錄原文，以重要為標準，所以多少不拘。但是為上下文的關係，為的容易明瞭的關係，或者多寫幾句，或者錄出全文。本書中引用他書時，第一次提出作者及其書名，再引時只說出作者的名字，或書籍的名稱。容易檢察的不附註卷數篇名，不易檢察的才註明卷數篇名，為的雙方省得許多麻煩。這是本書的略例。

從前的人對于《春秋》是極端崇拜的。呂大圭說："聖人之筆如化工隨物賦形，洪纖高下各得其所，生生之意常流行于其間；雖其所紀事實不出于魯史之舊，而其精神風采則異矣。"他這"生生之意常流行于其間"，是何等崇拜的口吻！但是現在也發生《春秋》不是孔子所筆削的問題了！我對于這個問題並未討論，因為《穀梁》本身並沒有否認孔子筆削《春秋》，所以這個問題也根本上談不到。

還有，本書雖假定《穀梁》不得《春秋》之眞傳，也許其中有眞的部分。莊公三十年經"齊人降鄣。"崔觶甫說："穀梁氏曰：'不言公，恥不能救鄣也。'此必春秋家相傳之舊傳也。"（《春秋復始》十六）《穀梁》又有同于《公羊》的地方，當然有許多《春秋》家相傳之舊說，講《春秋》的當然也無妨拿來參攷。

本書攷訂《穀梁》的眞偽，同時有幾條（如上篇第六）也可幫助證明《左傳》的是非，因為牽涉得太遠，我想這也是很容易知道的，所以我並沒有說明。這些，是我要請讀者注意和原諒的。

三

我自己的學問很淺薄，我對于這部書的出世，覺得很應當愼重些。在我初稿完成之後，我將內中最重要的證據，《穀梁傳》的

"是月"不讀"提月",請求吳檢齋先生的指教。吳先生也說:"如果是字當此字講,《春秋》經上應當作'寔來'的寔。"吳先生認為無妨將稿子付印。這樣子我才大膽子要拿出來公之于世。

關于文字上的問題,我請我的朋友劉盼遂先生當面將上篇看過一遍。他也很嚴格地勸我改訂了四五處。他對于小學是極有心得極有研究的,他對于我所說的《穀梁》"畫我"之襲用《公羊》"化我",也是表同情的。

這書的全稿曾請黎劭西先生評閱,並求黎先生轉請錢玄同先生評閱。據黎先生說:錢先生對于這書"甚贊許"的。這些無非是給我多少勇氣。但是,因為如此,我才決定出版,來向讀者請教。

上述的四位先生,對于本書很多贊助;在太原時,蒙張損闇先生(著有《周易古訓》《京房翼奉學筆記》《說文定聲》《伯淳法言》等書)指導我怎樣做學問。本書出版,更蒙左仲綸先生的許多指導;這都是我所當誌謝的。

內子澹如,與于統計校讎之勞,亦當附誌于此。

勘誤表

頁	行	誤	正	頁	行	誤	正
三二	四	璁	隱	九二	九	儀	僕
三六	一一	其禦	其弟禦	九九	十	不	又
五二	五	姬姬	叔姬	一〇六	十	儀	僕
五五	七	更更	更	一〇八	一	百百	百官
六五	三	法誅	法者誅	一二八	五六	此兩行誤低一格	應與前四行齊
六九	八	康	唐				

　　這個勘誤表是金君著三、王君可民代我作的。書中關於經今古文學和春秋微言大義的地方，容將來在《春秋概論》和《今古學論》中再詳細的說明。

　　　　　　　　　　二十，八，三十　作者附識

編後記

張西堂（1901~1960），本名張正，字西堂，以字行。祖籍湖北漢川，生於湖北武昌。早年考入北京清華學堂，後因病輟學。1919年，又考入山西大學國文科，在校期間即對樸學（群經之學）展開深入研究。大學畢業後，張西堂曾在中學任教，後任教于孔教大學、河北大學、中國大學、國立北平女子師範學院等。在此期間，他結識了古史辨學派的代表人物錢玄同、顧頡剛等，並成為其中的一員。張西堂在這一時期完成的學術專著《穀梁真偽考》是他的代表作。這部《穀梁真偽考》與他的另一部著作《春秋六論》奠定了他在學術界的地位。

本社此次以和记印书馆1931年印行的《穀梁真偽考》為底本進行整理。在具體的整理過程中：首先，將底本的豎排版式轉換為橫排版式。為盡可能地保存民國圖書的原貌，本次整理對書後的"勘誤表"只將其由原書的縱排改為橫排，其他均保持原貌；其次，在語言文字方面，尤其是與今有異之處，均保持底本原貌，以尊重原作的價值；再次，底本中的標點符號有不符合當今標點符號使用規則之處，為便於讀者閱讀和理解，此次整理中均依現代漢語的規範要求進行梳理；最後，對於原書中偶有的錯誤，無論其為作者之誤還是民國時期的印刷之誤，均以"編者註"的形式進行修正或解釋，最大可能地消除讀者的困惑。

文 茜

2015 年 11 月

《民國文存》第一輯書目

紅樓夢附集十二種	徐復初
萬國博覽會遊記	屠坤華
國學必讀（上）	錢基博
國學必讀（下）	錢基博
中國寓言與神話	胡懷琛
文選學	駱鴻凱
中國書史	查猛濟、陳彬龢
林紓筆記及選評兩種	林紓
程伊川年譜	姚名達
左宗棠家書	許嘯天句讀，胡雲翼校閱
積微居文錄	楊樹達
中國文字與書法	陳彬龢
中國六大文豪	謝無量
中國學術大綱	蔡尚思
中國僧伽之詩生活	張長弓
中國近三百年哲學史	蔣維喬
段硯齋雜文	沈兼士
清代學者整理舊學之總成績	梁啟超
墨子綜釋	支偉成
讀淮南子	盧錫烴

國外考察記兩種	傅芸子、程硯秋
古文筆法百篇	胡懷琛
中國文學史	劉大白
紅樓夢研究兩種	李辰冬、壽鵬飛
閒話上海	馬健行
老學蛻語	范禕
中國文學史	林傳甲
墨子間詁箋	張純一
中國國文法	吳瀛
四書、周易解題及其讀法	錢基博
老學八篇	陳柱
莊子天下篇講疏	顧實
清初五大師集（卷一）·黃梨洲集	許嘯天整理
清初五大師集（卷二）·顧亭林集	許嘯天整理
清初五大師集（卷三）·王船山集	許嘯天整理
清初五大師集（卷四）·朱舜水集	許嘯天整理
清初五大師集（卷五）·顏習齋集	許嘯天整理
文學論	［日］夏目漱石著，張我軍譯
經學史論	［日］本田成之著，江俠庵譯
經史子集要畧（上）	羅止園
經史子集要畧（下）	羅止園
古代詩詞研究三種	胡樸安、賀楊靈、徐珂
古代文學研究兩種	羅常培、呂思勉
巴拿馬太平洋萬國博覽會要覽	李宣龔
國史通略	張蔭南
穀梁眞僞攷	張西堂
先秦經濟思想史二種	甘乃光、熊夢

三國晉初史略	王鍾麒
清史講義（上）	汪榮寶、許國英
清史講義（下）	汪榮寶、許國英
清史要略	陳懷
中國近百年史要	陳懷
中國近百年史	孟世傑
中國近世史	魏野疇
中國歷代黨爭史	王桐齡
古書源流（上）	李繼煌
古書源流（下）	李繼煌
史學叢書	呂思勉
中華幣制史（上）	張家驤
中華幣制史（下）	張家驤
中國貨幣史研究二種	徐滄水、章宗元
歷代屯田考（上）	張君約
歷代屯田考（下）	張君約
東方研究史	莫東寅
西洋教育思想史（上）	蔣徑三
西洋教育思想史（下）	蔣徑三
人生哲學	杜亞泉
佛學綱要	蔣維喬
國學問答	黃筱蘭、張景博
社會學綱要	馮品蘭
韓非子研究	王世琯
中國哲學史綱要	舒新城
中國古代政治哲學批判	李參參
教育心理學	朱兆萃

陸王哲學探微	胡哲敷
認識論入門	羅鴻詔
儒哲學案合編	曹恭翊
荀子哲學綱要	劉子靜
中國戲劇概評	培良
中國哲學史（上）	趙蘭坪
中國哲學史（中）	趙蘭坪
中國哲學史（下）	趙蘭坪
嘉靖御倭江浙主客軍考	黎光明
《佛游天竺記》考釋	岑仲勉
法蘭西大革命史	常乃惪
德國史兩種	道森、常乃惪
中國最近三十年史	陳功甫
中國外交失敗史（1840～1928）	徐國楨
最近中國三十年外交史	劉彥
日俄戰爭史	呂思勉、郭斌佳、陳功甫
老子概論	許嘯天
被侵害之中國	劉彥
日本侵華史兩種	曹伯韓、汪馥泉
馮承鈞譯著兩種	伯希和、色伽蘭
金石目錄兩種	李根源、張江裁、許道令
晚清中俄外交兩例	常乃惪、威德、陳勛仲
美國獨立建國	商務印書館編譯所、宋桂煌
不平等條約的研究	張廷灝、高爾松
中外文化小史	常乃惪、梁冰弦
中外工業史兩種	陳家鋆、林子英、劉秉麟
中國鐵道史（上）	謝彬

中國鐵道史（下）	謝彬
中國之儲蓄銀行史（上）	王志莘
中國之儲蓄銀行史（下）	王志莘
史學史三種	羅元鯤、呂思勉、何炳松
近世歐洲史（上）	何炳松
近世歐洲史（下）	何炳松
西洋教育史大綱（上）	姜琦
西洋教育史大綱（下）	姜琦
歐洲文藝雜談	張資平、華林
楊墨哲學	蔣維喬
新哲學的地理觀	錢今昔
德育原理	吳俊升
兒童心理學綱要（外一種）	艾華、高卓
哲學研究兩種	曾昭鐸、張銘鼎
洪深戲劇研究及創作兩種	洪深
社會學問題研究	鄭若谷、常乃惪
白石道人詞箋平（外一種）	陳柱、王光祈
成功之路：現代名人自述	徐悲鴻等
蘇青與張愛玲	白鷗
文壇印象記	黃人影
宋元戲劇研究兩種	趙景深
上海的日報與定期刊物	胡道靜
上海新聞事業之史話	胡道靜
人物品藻錄	鄭逸梅
賽金花故事三種	杜君謀、熊佛西、夏衍
湯若望傳（第一冊）	［德］魏特著，楊丙辰譯
湯若望傳（第二冊）	［德］魏特著，楊丙辰譯

摩尼教與景教流行中國考	馮承鈞
楚詞研究兩種	謝無量、陸侃如
古書今讀法（外一種）	胡懷琛、胡樸安、胡道靜
黃仲則詩與評傳	朱建新、章衣萍
中國文學批評論文集	葉楚傖
名人演講集	許嘯天
印度童話集	徐蔚南
日本文學	謝六逸
齊如山劇學研究兩種	齊如山
俾斯麥傳（上）	［德］盧特維喜著，伍光建譯
俾斯麥傳（中）	［德］盧特維喜著，伍光建譯
俾斯麥傳（下）	［德］盧特維喜著，伍光建譯
中國現代藝術史	李樸園
藝術論集	李樸園
西北旅行日記	郭步陶
新聞學撮要	戈公振
隋唐時代西域人華化考	何健民
中國近代戲曲史	鄭震
詩經學與詞學 ABC	金公亮、胡雲翼
文字學與文體論 ABC	胡樸安、顧蓋丞
目錄學	姚名達
唐宋散文選	葉楚傖
三國晉南北朝文選	葉楚傖
論德國民族性	［德］黎耳著，楊丙辰譯
梁任公語粹	許嘯天選輯
中國先哲人性論	江恆源
青年修養	曹伯韓

青年學習兩種	曹伯韓
青年教育兩種	陸費逵、舒新城
過度時代之思想與教育	蔣夢麟
我和教育	舒新城
社會與教育	陶孟和
國民立身訓	謝無量
讀書與寫作	李公樸
白話書信	高語罕
文章及其作法	高語罕
作文講話	章衣萍
實用修辭學	郭步陶
古籍舉要	錢基博
錢基博著作兩種	錢基博
中國戲劇概評	向培良
現代文學十二講	［日］昇曙夢著，汪馥泉譯
近代中國經濟史	錢亦石
文章作法兩種	胡懷琛
歷代文評選	胡雲翼